Peter Sehnal
Wiens grüne Arena, der Prater

Danksagung

An dieser Stelle möchte ich mich bei all jenen Personen ganz herzlich bedanken, ohne deren tatkräftige Mithilfe dieses Buch nicht entstehen hätte können.
Silke Schweiger hat mich während des Projektes für unzählige Stunden entbehrt, mich in meinem Schaffen positiv unterstützt, das Bildmaterial von der ersten Stunde an kritisch begutachtet sowie die erste Fassung des Textes durchgesehen und korrigiert.
Günther Andexlinger war für konstruktive Denkanstöße, die Hilfe bei der Bildauswahl und die Organisation von Bild- und Kartenmaterial immer verfügbar.
Fehlendes Fotomaterial wurde von Günther Andexlinger, Mario Hopfgartner, Hubert Kretschmer, Robert Marschall, Elfriede Zinsler, Media Wien und dem Österreichischen Schwimmverband kostenlos zur Verfügung gestellt. Auch historische Aufnahmen aus dem Bezirksmuseum Leopoldstadt konnten unentgeltlich verwendet werden, bei der Suche danach war Oswald Miksch stets behilflich.
Im Rahmen der Universum-Produktion von Manfred Corrine über den Prater konnte aus vielen Perspektiven fotografiert werden, die sonst nicht so leicht zugänglich gewesen wären.
Petra Tappeiner lektorierte den Text, die Überarbeitung erfolgte rasch und unkompliziert.
Sabine Lercher von no.parking hat das Buch mit viel Einfühlungsvermögen gelayoutet.
Ludwig Paulmichl vom Folio Verlag hat das Buch von Beginn an wohlwollend unterstützt.

Peter Sehnal

Peter Sehnal

Wiens grüne Arena, der Prater

ORF UNIVERSUM

NATURHISTORISCHES MUSEUM

Folio Verlag Wien/Bozen

Der Verlag dankt folgenden Sponsoren und Institutionen:

Naturhistorisches Museum, Wien
ORF Universum

Stadion Center

STADION CENTER

Canon GmbH

you can
Canon

1. Auflage 2008

Lektorat: Petra Tappeiner
Grafik und Umbruch: no.parking, Vicenza
Druckvorbereitung: Typoplus, Frangart
Printed in Italy
ISBN 978-3-85256-371-8

www.folioverlag.com

Inhalt

Der Prater birgt selbst für eingefleischte Wiener immer wieder Überraschungen. Wer hätte gedacht, dass ein Buch aus dem Jahr 1897 das letzte Werk ist, welches sich mit der Gesamtheit des Grünen Praters beschäftigt? Höchste Zeit also, in einer aktuellen Version auf Spurensuche zu gehen. Freilich, Kormorane und Fischotter, wie Emanuel Witlaczil sie 1897 beschrieb, wird man heute nicht mehr finden, aber dafür so manch anderes. Als Wiener Bürgermeister und Biologe freut es mich natürlich besonders, dass es nun möglich ist, auch auf literarischen Pfaden die Natur des Grünen Praters im Lauf der Jahreszeiten zu betrachten. Ich wünsche dem vorliegenden Buch „Wiens grüne Arena, der Prater" von Peter Sehnal viel Erfolg und den hoffentlich zahlreichen Leserinnen und Lesern eine interessante Lektüre.

Dr. Michael Häupl
Bürgermeister und Landeshauptmann von Wien

Vorwort des Autors

In vielen Büchern wurden der Prater und seine Geschichte thematisiert und illustriert. Die meisten jedoch behandeln ausschließlich den Wurstel- oder Volksprater sowie die Weltausstellung 1873. In Werken wie „Die Naturkunde Wiens" oder „Tümpelbroschüre der Magistratsabteilung für Umweltschutz" wird vor allem die Praterlandschaft berücksichtigt. Verstreute Einzelwerke, Diplomarbeiten und Dissertationen beschäftigen sich mit ihrer Geologie, dem Wasserhaushalt und auch der Tier- und Pflanzenwelt. Die Naturlandschaft des Praters ist jedoch nur von EMANUEL WITLACZIL in Buchform ausführlich beschrieben worden. Er schreibt 1897 im Vorwort seiner Erstausgabe „Praterbuch. Ein Führer zur Beobachtung des Naturlebens": *„Der Prater bietet dem Naturfreund heute wohl nicht mehr das, was er ihm noch vor wenigen Jahren geboten hat, als die Donau noch nicht reguliert war, wo viele wasserreiche Flußarme das ganze Gebiet durchzogen, und mit Ausnahme der großen Alleen keine gebahnten Wege vorhanden waren. In der üppigen Wildnis war das Thierleben ein viel Regeres als heute, und die Gewässer waren noch von zahlreichen Sumpf- und Schwimmvögeln bevölkert, welche nur noch in den unterhalb Wiens gelegenen Auen ihr Wesen treiben. Aber auch jetzt noch ist der Pflanzen- und Thierreichtum des Praters ein sehr großer, ein viel größerer, als man bei der Nähe der Großstadt vermuten sollte, die ihn allmählich von allen Seiten umschließt."* In diesem Büchlein nennt er zahlreiche Tierarten, die längst aus dem Prater verschwunden sind, wie Kormoran, Wiedehopf, Wendehals, Ziesel, Fischotter und viele andere.

„Das Wachstum der Stadt, welche den Prater mehr und mehr eingeschlossen hat, hat aber auch einen stärkeren Besuch desselben, dieser aber Veränderungen zur Folge gehabt, welche seiner Ursprünglichkeit Eintrag getan haben. Dazu kommt eine immer mehr hervortretende Freude am Körpersport, welche auch im Prater Bestätigung sucht. Neben diesen haben Krieg und Umsturz Verwüstungen des Praters zur Folge gehabt", schreibt WITLACZIL in seiner zweiten Ausgabe des Praterbuches, das 1926 erschien.

Wie würde er heute seine Vorworte gestalten, wenn er den Prater durchstreifen könnte? An den Grundaussagen hat sich nichts verändert. Illustriert sind beide Auflagen nur in geringem Umfang. Die Erstausgabe mit Stichen, die zweite Auflage mit wenigen Schwarz-

Weiß-Abbildungen und Fotos. Ein umfassender farbiger Bildband über den gesamten Grünen Prater und seinen Facettenreichtum fehlt bis dato gänzlich.

Der Prater fasziniert durch seine wechselhafte Geschichte, seine mannigfaltige Nutzung und vor allem durch den Naturreichtum, der sich trotz ständiger Umstrukturierung erhalten hat. Viele ehemals im Prater lebende Pflanzen- und Tierarten sind aufgrund der tiefgreifenden landschaftlichen Veränderung oder aufgrund der Bejagung verschwunden, wie Braunbär, Wolf und Hirsch. Dennoch haben einige Arten den Prater zumindest kurzfristig wieder zurück erobert. Wer die Praterlandschaft hinter dem Lusthaus besucht, kommt an den kaum zu übersehenden Spuren des Bibers vorbei.

Der Autor hatte die Möglichkeit, das Gebiet seit seiner frühesten Jugend zu erkunden. Zahlreiche Stunden der Beobachtung und Entdeckung hat er im Schilfgürtel des Lusthaus- und Mauthnerwassers sowie am Krebsenwasser verbracht und Ausbaggerungen des Unteren Heustadelwassers miterlebt. Auch die stetigen Veränderungen des Kleingartenwesens von Nutzgärten zu ganzjährig bewohnten Gartensiedlungen und die daraus resultierenden weiteren Veränderungen für die Pflanzen- und Tierarten konnte er über die Jahre mitverfolgen. Ebenso den Bau der Südosttangente, einer Stadtautobahn, die in Hochlage mitten durch den Prater führt, sowie die zahlreichen Veränderungen in seinen Randbereichen.

Der Naturlebensraum sowie die Flora und Fauna dieser innerstädtischen Grünlandschaft sind trotz massiver Eingriffe und Einschränkungen auch heute noch erstaunlich und erlebenswert. Wer zeitig in der Früh rund um das Mauthnerwasser spaziert und sich in dieser Landschaft verliert, wird nur durch die monotone Geräuschkulisse der Ostautobahn und des stark befahrenen Handelskais daran erinnert, dass er sich eigentlich mitten in einer Großstadt befindet.

Das vorliegende Buch zeigt einen Prater, wie ihn viele Menschen, die ihn zu kennen glauben, noch nicht kennen. Es erhebt keinerlei Anspruch auf Vollständigkeit, vielmehr soll es auf die Vielfältigkeit des Gebietes aufmerksam machen und Anstoß dazu geben, es für sich selbst zu entdecken.

Der Autor wünscht viel Spaß bei der Lektüre und hofft, den Leserinnen und Lesern einen neuen Blickwinkel für den nächsten Besuch im Prater zu vermitteln.

DER PRATER

Zu Kaisers Zeiten

Tief orangerot von der herbstlich aufgehenden Sonne gefärbt, ziehen Nebelschwaden über das Wiener Wasser hinter dem grünen Lusthaus. Enten schwimmen lautlos im See, ein Reiher schreitet auf der Jagd nach Fischen im flachen, ufernahen Wasser. Zahlreiche Vögel beginnen in den Morgenstunden ihr geschäftiges Treiben. Ein Biber kehrt nach nächtlicher Aktivität zu seinem Bau zurück. Am Ufer des Gewässers äst gemächlich ein mächtiger Hirsch. Plötzlich kracht es im Unterholz. Der Reiher fliegt mit krächzendem Schreckruf davon, die Enten lassen ein wildes Geschnatter vernehmen. Der Zwölfender richtet sich auf und verharrt kurz, um die Situation abzuklären. Dann galoppiert er mit weiten und hastigen Sprüngen in das Gewässer, um schwimmend den gegenüberliegenden dichten Auwald zu erreichen. Hufgetrampel, lautes Geschrei und eine bellende Hundemeute. Schnaubende Pferde mit bunt gekleideten und bewaffneten Reitern sind unterwegs. Eine kaiserliche Jagdgesellschaft lauert dem Rotwild auf. Ein gellender Schuss aus dem Hinterhalt, der Hirsch ist schwer getroffen. Stark blutend schleppt er sich mit großer Mühe an das Ufer und versucht, sich in das schützende Gehölz zu flüchten. Zunehmend wird er schwächer und schwächer, bis er schlussendlich mit schwindendem Lebensgeist zusammenbricht. Das Hundegebell wird immer lauter, kommt rasend näher und mit ihm auch die Jagdgesellschaft. Das Schicksal des Hirschen ist besiegelt, die Gesellschaft bläst zum Halali.

So oder ähnlich haben sich viele Lustjagden des kaiserlichen Hofes in der weitläufigen und verschlungenen rechtsseitigen Donaulandschaft bei Wien zugetragen. Von Maximilian II. wurde das Gebiet im Jahr 1560 zu einem großen Jagdrevier zusammengefasst und mit Planken und Zäunen umgeben. Hier im Prater konnte der Kaiser ungestört Hirsche, Wildschweine, Dachse, Füchse und Schnepfen, ja sogar Braunbären und Wölfe jagen.

Open House

Erst Maria Theresia gestattete dem Adel unter strengen Bestimmungen den Besuch des Praters entlang der Hauptallee und ihren nahe gelegenen Seitenwegen. Auen und Wiesen durften wegen des Wildes nicht betreten werden. Mit Ausnahme der Schoßhündchen der Damen herrschte ein strenges Hundeverbot. Joseph II. machte den Prater am 7. April 1766 für die Öffentlichkeit zugänglich, und bereits am 28. April 1766 wurde von riesigen Menschenmengen an Sonn- und Feiertagen berichtet. Der Prater durfte erst ab zehn Uhr betreten und musste des Abends, durch Böllerschüsse verkündet, verlassen werden. Die letzten Zäune wurden 1775 entfernt. Nun war der Prater auch in der Nacht begehbar. In den stadtnahen Bereichen entstand der Wurstelprater mit Kaffee- und Gasthäusern, sowie Hutschen, Ringelspielen und zahlreichen weiteren Attraktivitäten für die Stadtbevölkerung. Der Grüne Prater war von Anfang an ein beliebter Erholungsraum und diente als Veranstaltungsort für zahlreiche Feste und sportliche Aktivitäten. Das Gebiet im Unteren Prater wurde als „Hirschau" bezeichnet und auch nach der Öffnung für die Jagd genutzt. Die Wildbestände wurden jedoch schon bald immer geringer. Zur Fütterung waren Hirschenstadel angelegt, einer davon befand sich in der Nähe eines Kaffeehauses. Der letzte Hirsch wurde um 1880 geschossen. Das Landschaftsbild des Praters hat sich seit der Öffnung des ehemaligen kaiserlichen Jagdgebietes mehrmals dramatisch verändert.

Plan des Praters von Major Lauer mit bereits ausgebautem Praterstern und der über das Heustadelwasser führenden Hauptallee (nach 1780)

Die gezähmte Widerspenstige

In weiten Bögen und mit zahlreichen Nebenarmen durchströmte die Donau das Wiener Becken östlich des Leopolds- und des Bisamberges, der sogenannten „Wiener Pforte". Üppig war die den Strom begleitende Vegetation. Das Landschaftsbild war pulsierend, geprägt von ständigen Umlagerungen des Donauschotters und der Flusssedimente. Inseln entstanden oder verschwanden. Die Ausläufer der Stadt rückten dem Fluss als Handelsweg immer näher. Periodisch wiederkehrende Hochwässer bedrohten vor allem die flussnahen Siedlungen. Wiederholte Bestrebungen, die Donau zu regulieren, gelangen erst mit der Erfindung der dafür nötigen Maschinen im 19. Jahrhundert. Nach einer mehrjährigen Planungsphase wurde der Donau zwischen 1871 und 1875 ein neues, rund zwanzig Kilometer langes Bett gegraben. Ehemalige Donauarme wurden vom Fluss abgetrennt, und mit der Begradigung der Fließstrecke erhöhte sich auch die Fließgeschwindigkeit des Donaustromes. Damit veränderte sich der Wasserhaushalt des Praters zum ersten Mal nachhaltig. Durch den raschen Abzug des Grundwassers und der sich ständig eintiefenden Flusssohle veränderte sich die rechtsseitige Donauauenlandschaft zunehmend. Die ursprüngliche Vegetation der charakteristischen Aulandschaft verschwand weitgehend. Reste davon sind heute nur noch im unteren Teil des Praters zu finden. Der Dynamik der Donau war jedoch noch immer kein Einhalt geboten. Weitere Hochwässer mit dramatischen Auswirkungen machten neue Überlegungen notwendig. Nach der Fertigstellung der Neuen Donau – einer einundzwanzig Kilometer langen und

Überschwemmter rechter Donauuferbereich bei der Auffahrt zur Südosttangente in Richtung Südautobahn (1975)

zweihundert Meter breiten Entlastungsrinne im Bereich des ehemaligen Überschwemmungsgebietes – stimmten drei Viertel der Wiener Bevölkerung 1991 in einer Volksbefragung dem Bau des Kraftwerks Freudenau zu. Das unter vielen Umweltauflagen errichtete Donaukraftwerk ist seit 1998 in Betrieb. Im Rahmen der Bauarbeiten wurde der rechte Donaudamm erhöht und mit einem Schmalwandkastensystem, welches in Abständen von 150 Metern mit Querwänden versehen ist, ausgestattet. Die donauseitige Wand ist durchlässig, damit ein Eindringen des Wassers gewährleistet ist. Die Parallelwand dazu ist dicht und reicht bis in die Tiefe der wasserundurchlässigen Schicht, dem Tegel. Über ein mit Schluckbrunnen gesteuertes System wird der Prater seither mit Grundwasser versorgt. Auch jahreszeitliche Schwankungen des Wasserstandes werden simuliert und genau geregelt. Alte Gräben, vor allem hinter dem Lusthaus, sind seither bei höheren Wasserständen wieder befüllt. Die Filterung des Grundwassers durch den Schotterkörper ist jedoch aufgrund der fehlenden Durchströmung zum Erliegen gekommen. Erste Veränderungen in der Wasserchemie machen sich bemerkbar. Die früher klaren Pratergewässer sind im Sommer durch den hohen Phosphoreintrag aus der Donau und der dadurch entstehenden Algenblüte trüb.

Spuren der Vergangenheit

Als aufmerksamer Betrachter der Geländeformen kann man auch heute noch in vielen Bereichen die zahlreichen Flussläufe, Weiher und Tümpel der ehemaligen Donaulandschaft erahnen.

↓ Bei Hochwasser konnten Hauseingänge am Handelskai oft nur über Holzstege erreicht werden.
→ Überfluteter Gleiskörper und Handelskai im Bereich der Ostbahnbrücke
↓↓ Errichtung des rechten Donaudammes im Rahmen der Bauarbeiten für das Donaukraftwerk Freudenau

Das kontrollierte Nass

Zahlreich waren die Altarme, Weiher und Tümpel im gesamten Gebiet des Praters. Überall hüpften im Sommer Frösche, und auch der Fischartenreichtum war groß. Unzählige Wasservogelarten konnten überall beobachtet werden. Kormorane und Reiher hatten hier ihre Brutkolonien, und auch der Seeadler war oft anzutreffen. Im Sommer belästigten in der Abenddämmerung Schwärme von Stechmücken, die allerorts gegenwärtig waren, die Praterbesucher. Im Winter wurden zugefrorene Weiher und Tümpel gerne von der Bevölkerung zum Eislaufen genutzt.

Mehr als die Hälfte der nach der Regulierung der Donau noch vorhandenen Gewässer wurde nach dem Zweiten Weltkrieg durch Trockenlegungen, Schüttungen, Deponien oder Industrialisierung vernichtet.

Die verbliebenen Pratergewässer und die der weiter östlich gelegenen Albaner Au sind die letzten funktionierenden auähnlichen Lebensräume am rechtssei-

↓ Altes Grabensystem mit Schleuse bei der Stemmerallee
→ Ehemaliges Flussbett des Donaukanals nahe der Endstation der Buslinie 77A
↘ Ausbaggerung des Unteren Heustadelwassers
↓↓ Unteres Heustadelwasser um 1945 nahe der Wehlistraße

tigen Donauufer im Einzugsbereich des Wiener Stadtgebietes.

Neben dem weitgehend naturnahen Krebsen-, dem Lusthaus- und Mauthnerwasser gibt es hier noch das Obere und das Untere Heustadelwasser sowie das Rosenwasser. Einige künstlich angelegte Teiche befinden sich am Gelände des Golfplatzes. Alte Grabensysteme wie die Teufelslacke sind kaum noch mit Wasser gefüllt. Mehrere Baggerarbeiten veränderten vor allem das Erscheinungsbild des Unteren Heustadelwassers. Noch vor wenigen Jahrzehnten waren hier jährlich vom Frühjahr bis in den Spätsommer hinein Froschkonzerte bis hin zur bewohnten Wehlistraße zu hören. Die Ufer und die Verlandungszonen waren verschilft, und zahlreiche Wasserpflanzenarten besiedelten das Gewässer. Die gut strukturierten Randbereiche boten zahlreichen Tier- und Pflanzenarten Lebensraum. Mit der letzten Baggerung 1970 wurde das Profil des Heustadelwassers nachhaltig verändert. Durch die Aufschüttung des ausgehobenen

Schotters am waldseitigen Ufer wurde auch die Gewässeroberfläche stark reduziert. Die hier angesiedelten, faunenfremden asiatischen Amurkarpfen verringerten den Bestand der unter Wasser wachsenden Schlingpflanzen, sodass sich das Untere Heustadelwasser zunehmend in eine sterile Rinne verwandelte. Erst in den letzten Jahren verbesserte sich die Situation aufgrund eines stärkeren Umweltbewusstseins. Umgefallene Bäume dürfen wieder im Wasser liegen bleiben. Sie dienen als Sitzwarten für Eisvögel und Graureiher ebenso wie für Stock- und Mandarinenten. Fische und Amphibien nutzen diese Strukturen als Unterstand oder zur Eiablage. Auch die für die Gewässerfilterung nützlichen Schlingpflanzen wie z. B. Tausendblatt und Hornkraut erobern langsam das Heustadelwasser zurück.

Über das Untere Heustadelwasser nahe der Wehlistraße und das östliche Ende des Mauthnerwassers nahe der Hafenzufahrtstraße wird seit der Inbetriebnahme des Kraftwerks Freudenau Donauwasser zur Regulierung des Grundwasserspiegels in den Prater gepumpt. Seither kommt es vor allem im Heustadelwasser während der Sommermonate zu einer Algenblüte, die eine starke Trübung des Gewässers zur Folge hat. Im Frühjahr 2007 ließ die Stadt Wien eine Neptun-Filteranlage installieren, die den Phosphorgehalt aus dem zugeführten Donauwasser filtert. Im Lusthauswasser lässt sich seit einigen Jahren im Sommer eine rasante Vermehrung des Schwimmfarns beobachten. Weite Teile der Wasseroberfläche sind dann mit dieser ansonsten wenig auffälligen und eher seltenen Pflanze bedeckt.

Auf der grünen Wiese

Wie mit einer Unzahl von kleinen schimmernden Perlen bedeckt, sitzt ein kleiner Schmetterling scheinbar starr in der vom Tau benetzten Wiese. Ein Feldhase hoppelt gut verdeckt durch das hohe Gras. Er verharrt kurz, um dann genüsslich zu fressen. Auch eine kleine Gruppe von Rehen nützt die Morgendämmerung zur Nahrungsaufnahme, bevor menschliches Treiben auf den Praterwiesen Einzug hält. Kurz geschnitten sind die Wiesen im Oberen Prater, im Unteren dürfen sie wachsen und ihren Blütenreichtum entfalten. Sie sind dort Nahrungsgrundlage für eine reiche Insektengesellschaft: Schmetterlinge, Heuschrecken, Käfer und andere Kerbtiere leben in ihnen. Kartäusernelken, Nachtkerzen, Bilsenkraut oder Orchideen, die früher im Prater sehr verbreitet waren, blühen nur noch in einem kleinen und sehr trockenen Wiesenteil hinter der Rennbahn Freudenau.

Die großen Wiesenlandschaften waren schon zu Kaisers Zeiten ein Begriff. Auch der Name Prater soll sich vom lateinischen „pratum", das als Wiese oder Weide zu übersetzen ist, ableiten.

Zum Picknicken und zum Spielen für Kinder und Er-

wachsene eignen sich besonders die Kaiser-, die Zirkus-, die Arena- und die Jesuitenwiese. Hier werden auch die großen Praterfeste abgehalten. Wer Ruhe und Entspannung sucht, findet diese auf der Golf- und der Grafenwiese.

Finster ist es im grünen Wald

Groß und mächtig ragen sie in den Himmel. Sie sind gezeichnet vom Alter und den für sie zu trockenen Lebensbedingungen. Außen mögen sie noch vital erscheinen, aber im Inneren der Stämme zeichnet sich der Verfall unweigerlich ab. Oft sind die Bäume im Unteren Prater morsch, hohl und brüchig. Starke Winde und Stürme rütteln und zerren derart an ihnen, dass sie vielfach dem Druck nachgeben müssen. Vor allem die Schwarz- und Silberpappeln brechen immer öfter aus dem Waldgefüge. Ihre Plätze werden zunehmend von Spitz- und Bergahorn eingenommen.

Die Hauptbereiche des Praters ähneln einer „harten Au". Typisch dafür sind die mächtigen Pappeln sowie die reichhaltigen Alt- und Totholzbestände. Auch Flatterulmen, Feldahorn und Eschen mischen sich in diese großflächig trockeneren Landschaftsbereiche. Vitale Gesellschaften von Schwarz- und Silberpappeln, die bis zu fünfundzwanzig Meter hoch werden können, sowie Silber-, Grau- und Purpurweiden besiedeln die

feuchteren Gebiete des Praters hinter dem Lusthaus. Das Unterholz ist dicht mit Schwarz-Holunder besiedelt, viel verstreuter wachsen gemeiner und wolliger Schneeball sowie Pfaffenkappen, Rot-Hartriegel und Gelb-Hartriegel. Die gemeine Waldrebe, die Jungfernrebe und Hopfen als schlingende Kletterpflanzen sowie der Efeu als Stammkletterer prägen an vielen Stellen das Waldbild.

PRATER AKTUELL

Auf der Insel

Etwa sechs Quadratkilometer umfasst das Gebiet des heutigen Praters. Er befindet sich im 2. Wiener Gemeindebezirk auf einer Insel zwischen der Donau und dem Donaukanal. Westlich wird das Areal von der Ausstellungsstraße eingegrenzt, östlich von der Hafenzufahrtstraße. Heute kann er als weitläufige Parklandschaft bezeichnet werden. Nur mehr der Untere Prater östlich der Meiereistraße hat noch Ähnlichkeit mit einer Aulandschaft. Der Prater lässt sich in drei Landschaftsabschnitte gliedern: in den parkartig gestalteten Bereich vom Praterstern bis zur Meiereistraße, in einen trockenen Abschnitt mit dem Charakter einer „harten Au" von der Meiereistraße bis zum Lusthaus und in das einer verlandenden „weichen Au" ähnliche Gebiet hinter dem Lusthaus. Außerdem gibt es noch einen kleinen Wiesenanteil im hinteren Teil der Freudenau, der den trockenen Heißländen der Lobau ähnelt. Alle genannten Abschnitte unterliegen in unterschiedlichem Ausmaß einer landschaftlichen Pflege.

Gut geschützt, ist halb gewonnen

Vor allem die Landschaft hinter dem Lusthaus, die als Wiener Naturdenkmal Nummer 646 gesetzlich geschützt ist, lässt erahnen, wie das Gebiet des Praters früher ausgesehen haben könnte. Der Grüne Prater ist von der Stadt Wien als Erholungsgebiet ausgewiesen und wurde 1979 unter Landschaftsschutz gestellt.

Die Insel auf der Insel

Mit dem Entschluss, 1873 in Wien eine Weltausstellung abzuhalten, veränderte sich die Landschaft nördlich des Volkspraters gründlich. Unter der Bauleitung des Architekten Carl Hasenauer wurden zwei Millionen Quadratmeter Wald gerodet sowie Flussläufe und Auen zugeschüttet. Auch heute zwängen andauernde rege Bautätigkeiten den Prater zunehmend in ein immer engeres Korsett. Entlang der Trasse der U-Bahnlinie U2 in der Vorgartenstraße hinter der Krieau entsteht das „Viertel Zwei", ein neuer Stadtteil mit Bürohäusern, einem Hotel, Restaurants und kleinen Geschäften. Auf dem ehemaligen Stadionparkplatz wurde im Herbst 2007 das Stadion Center, ein neues Einkaufszentrum, eröffnet. Auch zwischen Wehlistraße und Handelskai entstehen Donau abwärts bis zur Südosttangente Bürotürme und eine neue Sportanlage.
Durch den Bau der Ostautobahn von 1975 bis 1977 entlang des Donaukanals verlor der Prater wertvolle Flächenanteile. Auch der Ausbau der Bahnstrecke entlang des Handelskais mit Lärmschutzwänden sowie der Umbau der Hafenzufahrtstraße in eine Zubringerstraße zur Ostautobahn sind weitere bauliche Maßnahmen im Umfeld des Praters. Dadurch ist das Verkehrsaufkommen rund um sein Gebiet enorm angestiegen.

Viele Wege, ein Ziel

Der Prater ist mit den Buslinien 84 A, 77 B und 80 B zu erreichen. Während die U1 und diverse Schnellbahnlinien zum Praterstern führen, fährt die U2 zum Stadion und zur Pratermarina. Die Schnellbahnlinie S 80 hält bei der Station Praterkai.

Die Hauptallee ist abgesehen von wenigen Ausnahmen für den privaten Verkehr gesperrt. Eine Durchquerung ist über die Südosttangente und – außer an Wochenenden – über die Meiereistraße möglich. Die Lusthausstraße, die Rustenschacher Allee und die Aspernallee sind für den öffentlichen Verkehr ganzjährig geöffnet.

Pattex
NEON-BRUNNER

STADION CENTER
COSMOS
8890

DIE NUTZUNG

Klein, aber mein

Zur Selbstversorgung in Nachkriegszeiten und zur Erholung am Wochenende wurden im Prater Kleingärten angelegt. Apfel-, Birnen-, Marillen-, Kirsch- und viele andere Obstbäume wurden ebenso angepflanzt wie zahlreiche Gemüsesorten. Über die Jahreszeiten erfreuten bunte Blütenabfolgen die Gemüter. Die gut strukturierten, artenreich gestalteten Schrebergärten waren und sind allseits beliebte Kleinbesitze. Die Kleingartenvereine im Prater nennen sich Birkenwiese, Sulzwiese, Wasserwiese, Oberes und Unteres Heustadelwasser, um nur einige anzuführen. Im Wandel der Zeit änderten sich jedoch die Ansprüche der Eigentümer. Obstbäume wurden und werden zunehmend durch Thujen und andere solitäre Koniferen ersetzt. Ehemals blumenreiche Gärten sind mit monotonem, pflegeaufwendigem Rasen begrünt.

Gartenhäuser werden vergrößert und Zäune gemauert. Viele Anlagen werden jetzt auch ganzjährig bewohnt. Die Kleingartenanlagen haben immer mehr Siedlungscharakter. Allesamt sind sie ähnlich gestaltet, die Individualität der alten Gärten ging nahezu gänzlich verloren. Somit ist auch die Vielfalt der Tierarten, die die Gärten als Lebensraum nutzten, stark zurück gegangen. Vor noch wenigen Jahrzehnten besiedelten Zauneidechsen viele Gartenanlagen, heute fehlen sie mit wenigen Ausnahmen im gesamten Prater. Doch auch wenn die Artenvielfalt von „früher" in den Kleingärten fehlt, machen diese noch immer einen erheblichen Teil der Prater-Grünanlagen aus und wirken als Puffer zu den angrenzenden Großstadtbereichen.

Es lebe der Sport

Wenn die Morgendämmerung über den Prater hereinbricht, kommt langsam Bewegung in die Hauptallee und ihre Nebenwege. Von allen Seiten strömen bunt gekleidete Gestalten im sportlichen Outfit heran, und stündlich werden es mehr. Zügig oder langsam, mit allen nur erdenklichen Bewegungsmustern. Alle wollen sie, vor sich hin keuchend, völlig in sich versunken oder mit festgelegten Zielen nur das eine: laufen um jeden Preis. Walker, Jogger und Läufer gehören zum alltäglichen Bild des Praters, und es gibt kaum eine Tageszeit, an der sie hier nicht anzutreffen sind.

Auf ausgewiesenen Wegen und hoch zu Ross wird der Prater von Reitern erkundet. Sie durchstreifen das ausgedehnte Wegenetz im ursprünglich anmutenden Wald des alten Fasangartens und der Freudenau. Pferde haben im Prater seit jeher Tradition. Kaiserliche Jagdgesellschaften ergründeten das Gebiet am Rücken der Pferde, und bereits Ende des 18. Jahrhunderts wurden im Prater Rennen nach englischer Manier abgehalten.

Auch Sportarten wie Fußball, Leichtathletik, Tennis, Radfahren, Landhockey, Baseball, Frisbee, Volleyball und Schwimmen im Sommer sowie Langlaufen, Eislaufen und sogar Rodeln im Winter sind im Prater möglich.

Österreichischer
dm Frauenlauf
running enthusiasm

So unterschiedlich wie die Feste im Prater sind auch die Besucher der jeweiligen Veranstaltungen.

← Die Grillerlaubnis auf der Arenawiese geriet außer Kontrolle und wurde bald wieder eingestellt.

Hauptallee nach starkem Gewitterregen

DIE WANDERROUTE

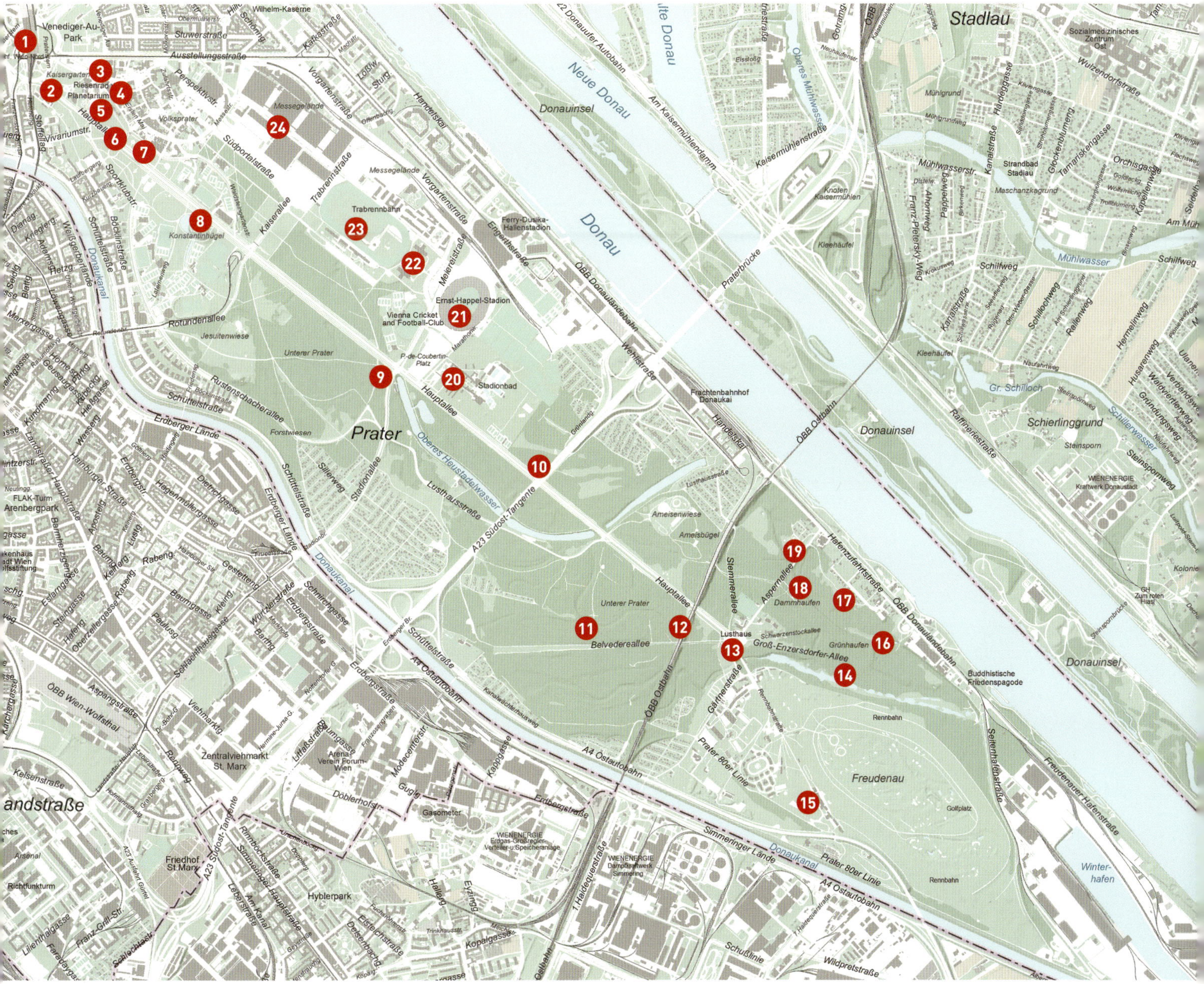

LEGENDE:

1 Praterstern
2 Hauptallee
3 Riesenrad
4 Wurstelprater
5 Liliputbahn
6 Ziehrerdenkmal
7 Meierei
8 Konstantinhügel
9 Bootsverleih
10 Südosttangente
11 Fasangarten
12 Ostbahn
13 Lusthaus
14 Freudenau
15 Galopp
16 Stock im Eisen
17 Waldandacht
18 Maria Grün
19 Volksschule
20 Stadionbad
21 Ernst-Happel-Stadion
22 Praterateliers
23 Krieau
24 Messe

MUL-T-LOCK

Am Anfang war der Stern

Dicht gedrängt wälzt sich an jedem Wochentag der Frühverkehr um ihn herum. Zu Messezeiten, Stadionveranstaltungen und Praterfesten ist er der Verkehrsknotenpunkt schlechthin. Auf sechs Straßen verteilt er die anrollenden Kraftfahrzeuge. Für U-Bahn, Straßenbahn und Buslinien, aber auch für die Züge der österreichischen Bundesbahn ist er der zentrale Ankunftspunkt in der Leopoldstadt.
Der **Praterstern** wurde 1872 als Kreuzungspunkt von insgesamt sieben Straßen, einschließlich der Hauptallee, rechtzeitig vor der Weltausstellung angelegt. Zur Praterstraße, der ehemaligen Jägerzeile, hin steht seit 1886 das Denkmal des österreichischen Admirals Wilhelm von Thegethoff mit Blickrichtung zur Adria. Verkehrstechnisch wurde der Praterstern mehrmals umgestaltet, unter anderem von 1955 bis 1965.
Rechtzeitig zur Fußball-Europameisterschaft erstrahlt der Bahnhof Wien Nord 2008 in neuem Glanz. Auch bei diesem Ereignis wird der Praterstern für die vielen nationalen und internationalen an- und abreisenden Fußballanhänger seine Verteilerrolle erfüllen.

Eine geradlinige Angelegenheit

Mit kerzenartigen Blütenständen duften Anfang Mai die Rosskastanien, die sie vierreihig säumen. Zu dieser Zeit ist sie die Attraktion für erholungssuchende Wiener und Touristen. Radfahrer, Inline-Skater, Spaziergänger und Reiter nutzen sie gerne, und auch Fiaker- und Kutschenfahrten sind begehrt. Tausende Teilnehmer des Vienna City Marathons laufen im Schutz der schattenspendenden Praterbäume über die **Hauptallee**.
Sie geleitet den Praterbesucher als asphaltiertes Band direkt von der Stadt ins tiefste Grün. Nur von der Messe- und der Meiereistraße unterbrochen, durchzieht sie, vom Praterstern zum Lusthaus, über verein-

Unbefestigte Hauptallee beim Praterstern

halb Kilometer den grünen Teil des Praters.
Die Hauptallee wurde in den Jahren 1537 und 1538 als „langer Gang" unter der Herrschaft von Ferdinand I. angelegt. Sie führte vom Augarten über die Heinestraße bis zum ersten Rondeau, das Lusthaus war von einem Weg entlang des Oberen Heustadelwassers zu erreichen. Vor allem wegen der Staubplage wurden entlang der unbefestigten Allee 1786 zahlreiche neue Brunnen angelegt und Strafgefangene mit dem Aufspritzen von Wasser beschäftigt. Der Abschnitt zwischen dem ersten und dem zweiten Rondeau ist als Notstandsarbeit zwischen 1866 und 1867 planiert worden. Durch Wettläufe der herrschaftlichen Läufer, Fiakerwettfahrten, Autorennen und Blumenkorsos erlangte die Hauptallee auch international Berühmtheit. Für den Kraftfahrzeugsverkehr wurde sie 1964 gesperrt.

1000 und eine Umdrehung

Nahezu lautlos gleiten die roten Waggons in der nächtlichen Landschaft im Herzen Wiens in einem weiten Bogen empor. Am höchsten Punkt, in fünfundsechzig Metern Höhe, erstreckt sich das Lichtermeer der österreichischen Bundeshauptstadt im Panoramablick. Schrill und bunt flackert das nahe Umfeld unter dem **Riesenrad**. Aus dieser Perspektive wuseln Menschen wie Ameisen auf der Suche nach Attraktionen und Abenteuern im Wurstelprater. Viele Runden hat dieses Wahrzeichen im Lauf seiner Geschichte gedreht. Für Wien-Touristen ist das Riesenrad ein „Muss“ mit Tradition.

Eröffnet wurde das von den englischen Ingenieuren Walter B. Basset und Harry Hitchins geplante Riesenrad 1897 anlässlich der Feier des fünfzigsten Thronjubiläums Kaiser Franz Josefs I. im Zentrum von Venedig. Allerdings von „Venedig in Wien“, ein von Gabor Steiner 1895 zum Leben erweckter, großzügiger

Nachbau der mediterranen Lagunenlandschaft. Sogar mit einem Pferd auf dem Dach eines Waggons hat das Riesenrad 1914 eine Runde gedreht. Ab 1920 hat es oftmals als Hintergrundmotiv für amerikanische Spielfilme gedient, und sogar Timothy Dalton alias James Bond erlebte in „Der Hauch des Todes" eine schwindelerregende Rundfahrt. Bei einem Brand 1944 zerstört, wurde das Riesenrad 1945 wieder aufgebaut und zwei Jahre später in Betrieb genommen. Mit modernem Lichtdesign wird es seit 2002 in den Nachtstunden beleuchtet, verändert wurden auch das Eingangsgebäude und das Restaurant. In einem mit Altwiener Kaffeehaus-Flair eingerichteten Jugendstil-Luxuswaggon werden gerne Hochzeiten, Geburtstage oder andere Ereignisse gefeiert.

Grand

A Gaudi muaß sein

„Kommen Sie näher, kommen Sie heran, erleben Sie die berauschende Fahrt mit der Achterbahn. Fühlen Sie die Schwerkraft..., fürchten Sie sich in der Geisterbahn ..., tauchen Sie ein in die Erlebniswelt der Grottenbahn ...", dröhnt es von allen Ecken und Enden. Auch musikalisch wird der Praterbesucher von allen Richtungen beschallt, am eindringlichsten jedoch ist die Pfeifenorgel des Pony-Karussells. Gleich gegenüber duftet es verlockend nach Stelzen und Kartoffelpuffern. Auch Rohscheiben, Pommes frites und Rettiche werden im traditionellen Kolariks Schweizerhaus, das durch sein Bier allseits bekannt ist, angeboten. Das Treiben ist bunt. Geburtstage, Firmungen und vieles mehr sind die Beweggründe, den **Wurstelprater** aufzusuchen.

Mit der Öffnung des Praters begann auch die Stunde der Gastronomie und der Schaustellerei. *„66 Wein-Würthe, 46 Bier-Würthe sowie Coffee-Sieder, Bratlprater, Limonihandler, Kasstecher und Krapfenbacher"* meldeten sich an. Gleichzeitig entstanden Spiel- und Schauunternehmen. 1782 waren bereits sechzig Buden im Prater angesiedelt. Neben den traditionellen Heurigenstandorten im Wiener Wald war er von Beginn an beliebtestes Ausflugsziel der Wiener Stadtbevölkerung.

An seiner Beliebtheit hat der Prater bis heute nichts eingebüßt. Immer wieder wird versucht, seine Attraktivität zu verbessern. Der neugestaltete Eingangsbereich an der Ausstellungsstraße ist seit Frühjahr 2008 eröffnet.

Der Wurstelbrunnen von Sammy Konkolits ist eine neue Attraktion im Prater, der fast 100 Jahre alte Toboggan im Hintergrund soll 2008 revitalisiert werden.

Die Figuren von Christine Müller verleiten zu Interaktionen.
↓↓ Das neue Praterportal beim Riesenrad

Schmalspurig unterwegs

Schnell werden noch die letzten Tickets gekauft. „Alles einsteigen, Zug fährt ab!", heißt es am Bahnsteig. Ein schriller Pfiff und mit lautstarkem Gestöhne und dichtem Nebel aus Wasserdampf setzt sich die Dampflokomotive schnaubend in Bewegung. Eng aneinander gedrängt sitzen die Fahrgäste in den Waggons. Kinder schlecken Eis und naschen genüsslich an ihrer Zuckerwatte. Mit großen Augen verfolgen sie die Fahrt der **Liliputbahn**. Rund vier Kilometer führen ihre schmalen Geleise vom Wurstelprater in den Grünen Prater und zurück. Zwanzig Minuten dauert eine Rundfahrt, bei der eine Höchstgeschwindigkeit von 30 km/h erreicht werden kann. Vom Hauptbahnhof Prater an der Hauptallee nahe dem Riesenrad aus fährt sie vorbei an der Hochschaubahn, verschiedenen Gastbetrieben, der Brunswick Bowlinghalle weiter über die Messestraße. Bei der Station Rotunde kann aus- und zugestiegen werden. Dann taucht sie ein in das idyllische Krieauer Wäldchen. Bei der Station Ernst-Happel-Stadion ist der Wendepunkt der Fahrt mit der Liliputbahn.

Sie wurde im Rahmen eines Sängerfestes anlässlich des hundersten Todestages von Franz Schubert 1928 im Prater eröffnet. Damals brachte sie ihre Fahrgäste vom Praterstern zur Rotunde. Erst 1933 wurde die Strecke bis zum Stadion erweitert. Wie so viele Praterbereiche wurde auch die Liliputbahn im Zweiten Weltkrieg schwer beschädigt, 1947 konnte der Betrieb jedoch wieder aufgenommen werden. Außer den beiden Dampflokomotiven sind heute zusätzlich drei mit Diesel betriebene Zugmaschinen im Einsatz. Sie werden seit 2007 mit recyceltem Altöl aus dem Praterrestaurant Luftburg betrieben.

Mehrere Stunden dauert es, bis die Dampflokomotive voll einsatzbereit ist.

Liliputbahn
Gew. Lok u. Tender 8,1t
Wasser 0,75m³
Kohle 0,25t
LüP 7,43m
Druckluftbremse
Handbremse
Höchstgeschw. 30km/h

Musikalische Gedenken

„Nothing else matters" schallt es aus den riesigen Lautsprecherboxen am Messegelände, wenn die Hardrockband Metallica ihr Wienkonzert zum besten gibt. Rockkonzerte, Country Festivals und Blues-Sessions sind beliebte Musikveranstaltungen, die auf der Kaiser-, Rotunden- oder Jesuitenwiese abgehalten werden. Geändert hat sich die Musik im Prater, nicht jedoch seine Beliebtheit als Kulisse dafür.
Zur Hochblüte des Wiener Walzers und der Operetten waren es Johann Strauß, Joseph Lanner und Carl Michael Ziehrer, die hier fulminante Auftritte feierten. Letzterem Komponisten, der am Beginn seiner Laufbahn im Jahr 1863 Johann Strauß nicht nur mit seinen Kompositionen sondern auch seinem Äußeren zu kopieren versuchte, wurde an der Hauptallee nahe dem Konstantinhügel ein Denkmal gewidmet. Der in Wien geborene Kapellmeister der „Deutschmeister" und Schöpfer vieler Operetten lebte von 1843 bis 1922. Mit seinen ungefähr sechshundert Werken hat er einen bedeutenden Beitrag zur Wiener Unterhaltungsmusik geschaffen. Die vom akademischen Bildhauer Robert Ullmann modellierte **Ziehrer-Statue** wurde am 1. Oktober 1960 enthüllt.

08

PROJECT

No Milk today

Angenehm lau ist der Sonntag Nachmittag: Mit Kaffee und Kuchen lässt es sich auf der Terrasse mit Blick auf die Hauptallee gut aushalten. Läufer ziehen ebenso vorbei wie Radfahrer, Fiakergespanne und unzählige Spaziergänger, die das erste warme Wochenende sichtlich genießen. Spatzen versuchen frech, Brösel von den Gasttischen zu erhaschen. Scheinbar ist hier die Zeit stehen geblieben.

Ursprünglich war die **Meierei** ein Pavillon der Weltausstellung, in dem „American Drinks" serviert wurden. Ab 1924 wurde sie von der Wiener Molkerei geführt, den Gästen wurde süße und saure Milch angeboten. Auch nach der Übernahme im Jahr 1938 durch Friedrich Holzdorfer, dessen Großeltern noch k.u.k. Karussellbesitzer waren, wurde diese Tradition mit dem Verkauf von Milch und Butterbroten fortgesetzt. Heute wird die Meierei als modernes Café-Restaurant nach alter Tradition geführt.

Wenn wir erklimmen

Stockenten und Mandarinenten werden am Teich vor dem **Konstantinhügel** ungeachtet des Verbots gerne von Kindern und Tierliebhabern gefüttert. Nordamerikanische Rotwangen- und Höckerschildkröten sonnen sich auf den Baumstämmen, die aus der Schilfinsel hervorragen. Manchmal müssen sie diese auch mit einem Graureiher teilen. Auch die sonst so scheuen Teichhühner haben sich hier an den Umgang mit Menschen gewöhnt. Sowohl Kinder als auch Erwachsene haben rund um den Konstantinteich die erste und vor allem bequeme Möglichkeit, einen kleinen Ausschnitt aus der Natur des Praters hautnah zu erleben. Allerdings ist hier bei der Hügel- und Teichanlage gar nichts natürlich.

Mit dem Aushubmaterial der Rotunde ist 1871 der Hügel an der Hauptallee aufgeschüttet worden. Benannt wurde der von den Zeitgenossen als „Mirakelberg" und „Hohenlohe-Alpe" bewitzelte Hügel nach dem Obersthofmeister Fürst Konstantin Hohenlohe. Im Jahr 1873 wurde eines der vornehmsten und teuersten

Restaurants des Praters, das Café Konstantin, eröffnet. „Im Allgemeinen Krankenhaus mußte eine eigene Abteilung für die mit einer ganz neuen Krankheit, der ‚Hügelosis', Behafteten eingerichtet werden. Die Besucher der Restauration auf dem ‚Hügel' verfallen nämlich in Folge der dort enormen Preise in tiefen Trübsinn", schrieb der Kikeriki noch 1873. Kahnfahrten am Fuße des Hügels gelegenen Teiches erfreuten sich großer Beliebtheit. Ein Brand zerstörte 1977 das Kaffeehaus auf dem Konstantinhügel.

Seemann, lass das Träumen

Nahezu lautlos gleiten die bunten Boote im Hochsommer auf dem Oberen Heustadelwasser dahin. Unter den überhängenden Ästen der Uferbäume suchen sie schattenspendende Nischen. Das sanfte Lichtspiel der durch die Blätter dringenden Sonnenstrahlen taucht sie dabei in eine idyllische Atmosphäre. Egal ob für Eltern und Kinder auf der Suche nach großen Abenteuern oder für Liebespaare auf romantischen Abwegen, kaum eine andere Gelegenheit im Prater bietet die Möglichkeit, in einer derartig verträumten Welt zu versinken, als die Fahrt mit einem Ruderboot am Heustadelwasser.
Bereits seit 1901 existiert der heute von der Familie Reichel gepachtete **Bootsverleih** bei der Meiereistraße.

Erfrischungen
BOOTSVERMIETUNG
Pago ERFRISCHUNGEN
Gösser
SNACKS
IMBISS
Gösser
24.–26.12.2007
GASTEINER
kristallklar
Schwechater Bier
Pago

Im Morgen- und Abendverkehr sind Staubildungen an der Tagesordnung.

Die Südosttangente durchschneidet die grüne Praterlandschaft.

Täglich überrollt

„Wegen eines Unfalls im Bereich der Ausfahrt Praterkai kommt es zu kilometerlanger Staubildung in Richtung Kagran. Um weitere Verzögerungen bei den Aufräumarbeiten zu vermeiden, weichen Sie bitte über andere Verkehrsrouten aus. Verlassen Sie die Südosttangente über die nächstmögliche Ausfahrt." Solche Radiodurchsagen sind seit Inbetriebnahme der **Südosttangente** täglich mehrmals zu hören.

Vor rund dreißig Jahren wurde die Prater Hochstraße als Teil der A23-Südosttangente quer durch das Prater-Landschaftsschutzgebiet gebaut. Bis zu 180.000 Kraftfahrzeuge überrollen sie an Werktagen. Damit ist sie eine der stärkst befahrenen Straßen Europas. Seit April 2000 ist die neue Prater Hochstraße mit insgesamt acht Fahrstreifen und zwei Pannenstreifen sowie mit modernster Sicherheits- und Umweltausstattung ausgebaut. Die Brücke überspannt den Prater in einer Länge von 720 Metern.

Zurück in die Wildnis

Tausenden Saatkrähen dient er im Winter als Schlafplatz. Sein Aussehen unterscheidet sich irgendwie von den anderen Gebieten im Prater. Mitten im Wald stehen mächtige Rot- und Hainbuchengruppen, sodass eher der Eindruck eines Bergwaldes als der einer Aulandschaft entstehen könnte. Der **Fasangarten** liegt zwischen Hauptallee und Donaukanal und erstreckt sich von der Lusthausstraße bis zum Damm der Ostbahn. Über eine Länge von rund zwei Kilometern wird er von der Belvedereallee durchschnitten.

Mit Ausnahme von einigen Durchschlägen war dieses Gebiet 1893 vollständig bewaldet. An zahlreichen Stellen gab es Anpflanzungen von Fichten und anderen Nadelbäumen sowie von heimischen Laubbäumen. Diese Waldstücke waren bis zum Ende des 19. Jahrhunderts umzäunt. Die im Wald beidseitig und parallel zur Belvedereallee gezogenen, nicht sehr tiefen Gräben führten kein Wasser. An manchen Stellen dieser Gräben wuchsen sogar alte Weinstöcke.

Der Fasangarten hat an seiner Urtümlichkeit nichts verloren. Er wird von einem Netz von Reitwegen durchzogen, und im Frühjahr ist er bei Kräutersammlern wegen seiner ausgedehnten und dichten Bärlauchvorkommen beliebt.

↖ Eine Rotbuchengruppe nahe der Hauptallee
↑ Dichter Efeubewuchs verleiht dem Wald des Fasangartens ein bizarres Aussehen.
← Gelegentlich endet ein Ausritt auf dem weichen Waldboden.

Es fährt ein Zug

Ab dem Donaukanal taucht sie ein in die imposante Kronenregion der alten Praterbäume. Für einen kurzen Moment durchfährt sie einen Urwald mitten in der Großstadt. Vorbei an der Hauptallee, dem Kleingartenverein „Unteres Heustadelwasser" und der Grafenwiese erreicht die **Ostbahn** die Station Praterkai.

Durch die Inbetriebnahme der Ostbahn 1870 erhielt der bis dahin abgeschiedene Ort Freudenau erstmals eine öffentliche Anbindung an Wien. Mit dem Bau der Donauuferbahn erfolgte um 1900 eine weitere Verbindung mit dem Stadtgebiet. Sie führte als Vorortlinie von Heiligenstadt längs der Donau bis zum Praterspitz.

Lust statt Frust

Nachts ist es zu Öffnungszeiten in farbiges Lichtdesign gehüllt und so in seiner zentralen Position am Ende der Hauptallee auch schon aus großer Entfernung klar erkennbar. Hochzeiten, Geburtstagsfeste und andere Veranstaltungen werden gerne in seinem wahrhaft fürstlichen Ambiente abgehalten. Auch tagsüber steht es als Restauration den Praterbesuchern zur Verfügung. Von erhabener Position kann rundum das Treiben in der Praterlandschaft beobachtet werden: Läufer, Radfahrer, Pferdekutschen ebenso wie wandernde Besucher des Praters, die sich auf den sternförmig angeordneten Straßen und Alleen dem **Lusthaus** nähern oder sich von ihm entfernen.

Sein Vorgängergebäude war das „Grüne Lusthaus",

das Kaiser Maximilian II. 1560 als Jagdschlösschen errichten ließ. Es bestand bis zum 18. Jahrhundert und war näher am Wiener Wasser gelegen als das heutige Lusthaus. Bis zur Donauregulierung floss dieser Donauarm – heute besser als Donaukanal bekannt – so knapp daran vorbei, dass Schiffe anlegen konnten. Der rege Zulauf ließ die Vermutung aufkommen, *„es seye die Ladestatt von Nußdorf zum grienen Lusthaus transferiert worden"*. Und auch der Kaiser hatte die Schiffsstation vor dem Lusthaus für seine Fahrt nach Budapest bestiegen.

Das Lusthaus in seiner heutigen Gestalt wurde nach den Plänen von Isidore Canevale zwischen 1781 und 1783 am Ende der Hauptallee errichtet. Schon 1799 fand das Lusthaus selbst als Gasthaus Verwendung. Die Krähen, die in solchen Mengen auf den Bäumen nisten, dass nicht selten ein Baum fünfzehn Nester zählt, waren schon zu dieser Zeit bekannt. Und 1802 sagt Eipeldauer: *„Dort hat sich d'Rabenfamili so schrecklich vermehrt g'habt, dass beyn Wirt in Lusthaus, s'Fleisch nicht einmal in der Kuchl vor ihnen sicher g'wesen ist. Damit also d'Rabenbevölkerung doch nicht gar z'ser überhand nimmt, ist gestern eine Rabenjagt in Prater g'wesen, und da sind eine Menge alte und junge Raben z'ammmengschossen worden."*

Seinen Höhepunkt erlebte das Lusthaus 1814 im Rahmen eines Festes anlässlich des Jahrestages der Völkerschlacht bei Leipzig.

Eine Landschaft mit Charakter

Urig ist die Landschaft hinter dem Lusthaus. Riesige Pappeln und Weiden wachsen hier. Das Lusthauswasser durchzieht mit seinen schilfgesäumten Ufern eine scheinbar unberührte Landschaft. Würde man nicht immer wieder durch Alltagsgeräusche aus einem Tagtraum gerissen, würde man sich nicht in einer Großstadt wissen.

Nach dem opulenten Fest beim Lusthaus im Oktober 1814 bezeichnete die Bevölkerung von Simmering und der Leopoldstadt den Unteren Prater als „**Freudenau**". Ursprünglich gehörte dieser Teil zur Gemeinde Kaiser Ebersdorf. Seit der Donaukanal 1835 in sein heutiges künstlich gegrabenes Flussbett umgeleitet wurde, wird dieses Gebiet der Leopoldstadt zugeordnet.

Auf dem Rücken der Pferde

Noch während die Jockeys ihre Pferde zum Aufgalopp entlang der Tribünen reiten, beginnt das hektische Treiben an den Wettschaltern. Tipps für gewinnbringende Dreier-, Zweier- oder Einlaufwetten werden bei den Buchmachern abgegeben. Dann ertönt schneller als erhofft die Startfreigabe. Mit Glockengeläute wird der Start signalisiert. Dicht drängen sich jetzt die Zuschauer an die Rennbahn oder um die Bildschirme, um den Rennverlauf zu verfolgen. „Mayflower übernimmt die Führung ..., Lady of the Magic Hill befindet sich eine Länge dahinter in der zweiten Position ..., das Feld erreicht jetzt den großen Bogen ..., an den Positionen hat sich noch nichts verändert ...", schallt es vom Sprecherturm. Das Teilnehmerfeld biegt in die Zielgerade, jetzt kommt Stimmung in die Zuschauermenge. Lautstark werden die Favoriten angefeuert. Gejubelt wird, wenn sie gewinnen, die Wettscheine voller Ärger zerrissen, wenn sie verlieren. Die Freudenauer **Galopprennbahn** zählt zu den schönsten Pferdesportanlagen der Welt. Sie ist großzügig in die Praterlandschaft eingegliedert. Die Tribünen besitzen noch heute einen Charme, der die Besucher der Rennveranstaltungen mühelos in die Zeit ihrer Gründung zurückversetzt.

Anhänger des Pferdesports gründeten 1826 die „Wettrenn-Ausschuß-Aktiengesellschaft". Die Rennbahn befand sich noch auf der Simmeringer Heide. In der Freudenau fanden 1839 erstmals Pferderennen statt. Nach dem Entwurf von Carl Hasenauer wurde 1858 mit dem Bau der Tribünen auf ihrem heutigen Platz begonnen. Durch einen Brand im Jahr 1883 wurden sie beschädigt, die spätere Rekonstruktion erfolgte in massiver Ausführung. Die meisten Stallgebäude wurden um 1900 errichtet. Der Aufschwung der Rennbahn hielt weiter an: Zum „Österreichischen Derby" im Jahr 1913 kamen 40.000 Besucher. Während des Zweiten Weltkrieges wurde ein Großteil der Anlage zerstört. Mit Hilfe der englischen Alliierten gelang 1945 der Wiederaufbau und die Wiederbelebung des Galopprennsports. Die Republik Österreich kaufte 1967 die Gebäude auf dem Rennplatz. Von 1983 bis 1996 wurde eine aufwendige Renovierung der Tribünenanlage und der Hof-Loge durchgeführt.

Die komplette Übernahme der Anlage und der Veranstaltung der Pferderennen durch die IRM (Interrace Rennbahn Management Ges.m.b.H.) erfolgte 1998.

Marc O'Polo

Ein Stock im Eisen

Niemand weiß mehr so recht, wie er dort hingekommen ist. Viele Praterbesucher gehen achtlos an ihm vorbei, ohne zu wissen, dass es ihn gibt. Wer sich jedoch beim Krebsenwasser genau umschaut, kann ihn vielleicht entdecken. Den stummen, metallbeschlagenen Zeitzeugen, den **Stock im Eisen** des Wiener Praters. Er hat nichts mit seinem sagenumwobenen, 1533 erstmals urkundlich erwähnten Gegenstück im 1. Bezirk zu tun. Der Brauch, sich durch einen Nagel zu verewigen, entstand im 18. Jahrhundert. Durch das Einschlagen von Nägeln verewigten sich Durchreisende der Schmiedezunft in vielen Städten Südosteuropas. Nagelbäume finden sich in vielen Städten von Ländern der ehemaligen Donaumonarchie wie z.B. Ungarn und Rumänien.

Die Steinfiguren der Waldandacht sind bis heute erhalten geblieben.

Andacht im Wald

Klein ist die Lichtung im Wald hinter Maria Grün nahe am Dammhaufen. Dahinter befindet sich ein wassergefüllter Bombentrichter. Steinerne Figuren und Gedenksteine umsäumen den kleinen und nur wenig bekannten Platz der **Waldandacht**.
Der Gastwirt Franz Plankenbüchler stiftete 1911 eine Marienstatue. Sie wurde im Wald im Zentrum der häufig von Donauschiffern aufgesuchten Waldandacht aufgestellt.

Ein mystischer Ort

Der Vollmond leuchtet hell in der Novembernacht. Nebelschwaden ziehen, sich ständig verändernd, mannshoch über den Boden. Es herrscht eine unheimliche Stille, die gelegentlich vom Bellen eines Rehbocks unterbrochen wird. Eine Eule flattert lautlos davon. Kerzen flackern zaghaft mit rotem Lichtschein. Ein Steingrab, in dem eine Jesus-Figur liegt, ein Kreuzweg, Marienbilder und Statuen. Die Szene wirkt gespenstisch. Mitten drinnen tauchen die Gemäuer einer lieblichen Waldkapelle auf, der Wallfahrtskirche **Maria Grün**.

Romantisch in den Auwald eingebettet, liegt sie nahe der Aspernallee, zwischen der Volksschule und dem Lusthaus. Der Grundstein für diese Kirche wurde am 12. Oktober 1924 gelegt, fertiggestellt war sie bereits zweieinhalb Monate später. Seit jeher war Maria Grün ein beliebtes Ziel für gläubige Menschen. Im Zweiten Weltkrieg wurde sie durch einen Bombentreffer beschädigt, ab 1948 wurden wieder Wallfahrten und Gottesdienste abgehalten. Auch heute ist Maria Grün

ein beliebtes Ausflugsziel. Viele Hochzeiten werden hier gefeiert, Osterprozessionen, Mitternachtsmetten und noch vieles mehr werden zelebriert. Auch sonntags sind die Gottesdienste gut besucht und erfreuen sich steigender Beliebtheit. Der Trinitarier P. Clemens Kritz steht seit einigen Jahren der Gemeinde vor. Unter seiner Leitung wurde vor kurzem im Zentrum des Kreuzganges ein Ort des Gedenkens für die an Aids verstorbenen Menschen angelegt.

Nie mehr Schule

Mit dem Läuten der Pausenglocke ist es endlich soweit. Auf geht es ins Freie, in den großzügig angelegten Garten mit Sandkisten und Schaukeln. Jetzt kann herumgetollt werden. Am Nachmittag wird sogar die Grafenwiese von den Schülern der **Volksschule Aspernallee** gestürmt. Platz zum Toben und Entdecken nach anstrengenden Schulstunden gibt es reichlich. Kinder aus vielen Teilen Wiens besuchen diese besonders erlebenswerte Volksschule in der Praterlandschaft.
Ihren Beginn hatte die Schule in der Freudenau im Jahr 1863, als Volksschule und Kindergarten wurde sie an der heutigen Stelle in der Aspernallee 1895 eröffnet. Mehrere Umbauten waren aufgrund des regen Zustromes notwendig. Dabei wurde das alte Ziegelgebäude immer behutsam in die Planung mit einbezogen. Die Eröffnung des Neubaues der Ganztagsschule erfolgte 1998. An Flair hat sie trotz Modernisierung bis heute nichts eingebüßt.

Splish, splash

Sengend heiß ist der Sommertag, zu Tausenden strömen die Besucher herein. Kaum ein Fleck auf den Liegewiesen ist noch frei. Es wird Ball gespielt, herumgetollt oder einfach nur entspannt. Und jede Stunde ist es so weit. Aus allen Winkeln eilen Menschen heran und warten nur darauf, dass die Wellen hoch aufgetürmt und tosend heranrollen. Dann stehen, springen und spritzen sowohl Kinder als auch Erwachsene dicht gedrängt im Wellenbecken, einer Hauptattraktion des Stadionbades. Mit einer Fläche von 150.000 Quadratmetern zählt das „Neue Stadionbad“ zu den größten Bäderanlagen Europas. An Rekordtagen wird es von bis zu 18.000 Besuchern frequentiert.

Anlässlich der Arbeiterolympiade im Jahr 1931 wurde das **Wiener Stadionbad** gleichzeitig mit dem Wiener Stadion und der damaligen Radrennbahn im Prater eröffnet. Von Fliegerbomben getroffen, brannte das Stadionbad 1945 in der Endphase des Zweiten Weltkrieges völlig nieder. Bereits ein Jahr später konnte

Anja Richter, mehrfache österreichische Staatsmeisterin im Wasserspringen, trainiert im Stadionbad. Zuletzt erreichte sie 2006 EM-Silber vom 10-Meter-Turm.

der Notbetrieb wieder aufgenommen werden. Die Gleichenfeier für das wieder errichtete Bad fand 1948 statt. International rückte das Wiener Stadionbad mit den Durchführungen der Schwimm-Europameisterschaften 1950, 1974 und 1995 in den Blickpunkt des sportlichen Interesses.

Heute ist das Bad mit sieben Becken und modernen Einrichtungen für den Hochleistungssport ausgestattet. Eine Vielzahl von Angeboten ermöglicht die Ausübung von Breitensport sowie Bewegung und Erholung.

Aufmarsch der Gladiatoren

Wenn Rolling Stones, Bruce Springsteen, Elton John, Tina Turner, Robbie Williams, Herbert Grönemeyer und andere Interpreten ihre Konzerte zum Besten geben, ist es ausverkauft. Ursprünglich als Sportstätte gedacht, hat das **Wiener Praterstadion** viele legendäre Fußballveranstaltungen erlebt. Es war eine würdige Spielstätte des österreichischen Wunderteams. Vom 12. April 1931 bis zum 23. Oktober 1932 blieb diese Mannschaft in vierzehn Spielen in Folge ungeschlagen. Auch Sportarten wie Leichtathletik, Radsport und Speedway hatten hier ihre Heimstätte.

Anlässlich der in Wien stattfindenden ersten Arbeiterolympiade wurde das Praterstadion als monumentale Stahlkonstruktion des Tübinger Ingenieurs Otto Schweizer errichtet und am 1. Juni 1931 glanzvoll eröffnet.

Die Sportarena hat aber auch ihre Schattenseiten erlebt. Über tausend Juden wurden im Wiener Praterstadion im September 1939 gefangengehalten. Von vielen wurden Haarproben und Fingerabdrücke genommen. Auch Fotos und Lebendmasken aus Gips wurden angefertigt. Drei Wochen nach ihrer Verhaftung wurden die im Stadion internierten Männer zum Westbahnhof gebracht. Nach drei Tagen und Nächten erreichten sie Weimar nahe dem gefürchteten Konzentrationslager Buchenwald, wohin die meisten von ihnen deportiert wurden.

Generalsaniert und überdacht wurde das Stadion 1986. Mit einem Fassungsraum von maximal 50.000 Sitzplätzen erhielt es nach der Kategorisierung der UEFA das Prädikat „Fünf-Sterne-Stadion".

An sieben Spieltagen steht das Ernst-Happel-Stadion, wie das Praterstadion seit 1993 heißt, im Rahmen der Fußball-Europameisterschaft 2008 wieder im sportlichen Rampenlicht.

HAPPEL STADION

Ein verwunschener Garten

Zwischen Bäumen und Sträuchern sind sie eingebettet. In einem idyllisch verwilderten Garten, Gebilde aus Stein und Stahl, künstlerische Objekte, an einem wenig beachteten Ort. Er ist ein Kleinod, eingebettet im Grünen Prater, gegenüber dem Ernst-Happel-Stadion. Täglich ziehen unzählige Menschen an den **Praterateliers** vorbei, ohne sie bewusst wahrzunehmen. In achtzehn Ateliers, umgeben von der Atmosphäre dieses weltweit einzigartigen Areals, schaffen Bildhauer wie Oswald Stimm, Ulrike Truger und Alfred Hrdlicka ihre Werke. Die Gebäude sind die letzten Zeitzeugen der Weltausstellung von 1873. Nur noch eines der beiden gegenüber stehenden „Pavillons des amateurs" ist vollständig erhalten. Das andere wurde bei Bombentreffern im Zweiten Weltkrieg zerstört und später wieder neu errichtet.

Kaiser Josef II. widmete aufgrund der großen Nachfrage an bildhauerischen Produkten im Zuge des Ringstraßenbaues die Gebäude den Bildhauern. In dieser Zeit wurde die Führung der Ateliers noch nicht nach betriebswirtschaftlichen Kriterien bemessen.

↓Ulrike Truger beim Bearbeiten eines Marmorblockes
↓↓Oswald Stimm in seinem Atelier

Hurtig die Rösser traben

Weit ausladend entfalten sind die nummerierten Gitterflügel hinter dem weißen Startauto. Zügig versammeln sich die Teilnehmer dahinter. Das Starterfeld setzt sich jetzt in Bewegung und erreicht zunehmend das Renntempo. Mit „Feld ab" vermittelt eine Lautsprecherstimme den offiziellen Start zum nächsten Traberrennen.

Einspänner-, Zweispänner- und Fiakerrennen waren in der Prater Hauptallee längst populär. Am 10. April 1874 wurde im Hotel Tauber auf der Praterstraße der **Wiener Trabrennverein** gegründet. Sein erster Präsident war Graf Kálmán Hunyady. Die Rennveranstaltungen fanden aber weiterhin auf der Hauptallee statt. Vier Jahre später wurde am 29. September 1878 die Krieauer Rennbahn eröffnet. Das Publikumsinteresse war jedoch nur mäßig. Die Wiener konnten sich nur schwer auf die neuen Gegebenheiten einstellen, und auch die Gestaltung der Rennen soll langweilig gewesen sein.

Das Tribünenareal, wie es dem heutigen ähnlich ist, entstand 1914. Die Freude an der „schönsten Tribüne Europas" war jedoch nur sehr kurz. Diese wurde während des Ersten Weltkrieges stark in Mitleidenschaft gezogen. Auch während des Zweiten Weltkrieges wurde die Anlage der Krieauer Rennbahn nachhaltig zerstört. Die Aufräumarbeiten begannen jedoch sofort nach Kriegsende. Am 11. November 1945 konnte vor 13.000 Besuchern der erste Renntag nach dem Krieg veranstaltet werden. In den Jahren 1960 und 1961 wurden die Tribünen verglast und die neue Flutlichtanlage in Betrieb genommen.

Die Präsidentenloge, die Silberer Loge, zweiundvierzig Jahreslogen sowie das Restaurant Hunyady und der Salon Alexander Orlow bieten dem Besucher der Wiener Krieau Komfort zu jeder Jahreszeit. Auch Veranstaltungen auf den Tribünen finden immer mehr Anklang.

Ein Basar in Wien

Tausende Menschen strömen zu ihren Veranstaltungen heran. Jugendliche und Senioren, Motorbiker oder Modellbauer, Freizeitkapitäne oder Jäger, Gärtner oder Urlaubsanwärter, jeder weiß über die themenspezifischen Ausstellungen der **Wiener Messe** Bescheid.

Die erste umfassende Warenpräsentation erfolgte 1873 im Rahmen der Weltausstellung auf dem Rotundengelände. Regelmäßige Messeveranstaltungen wurden in Wien seit 1921 durchgeführt. Zweimal im Jahr konnten Waren auf dem Gelände im Prater und im Wiener Messepalast vorgestellt werden. Nach der Herbstmesse 1937 brannte die Rotunde ab, das umliegende Messegelände blieb verschont. Gegen Ende des Zweiten Weltkrieges wurde es fast vollständig zerstört, konnte aber bereits im Oktober 1946 wieder eröffnet werden.

Im Jänner 2004 wurde das neugestaltete Messezentrum feierlich eröffnet. Es bietet 60.000 Quadratmeter Ausstellungsfläche und ein direkt angebundenes Konferenzzentrum. Reed Exhibitions Messe Wien veranstaltet dort neben nationalen auch internationale Fachmessen sowie Kongresse und Präsentationen auf hohem Niveau.

Die „Sunseeker Portofino 53" ist mit einer Länge von 17,5 m die größte Yacht, die je in Wien im Original ausgestellt wurde. Mit einem Spezial-Tieflader wurde sie zur „Vienna Boat Show" 2007 gebracht.

WINTER, FRÜHLING, SOMMER, HERBST UND WINTER

Der Natur auf der Spur

WINTER Dezember–März

Schneebedeckt ist das als Naturdenkmal geschützte Gebiet hinter dem Lusthaus. Das Lusthaus- und Mauthnerwasser ist Anfang Jänner noch großflächig zugefroren. Die wenigen eisfreien Stellen werden von Wasservögeln dicht besiedelt. Stockenten tummeln sich an ihnen genauso, wie die ostasiatischen Mandarinenten, die als Parkvögel eingeführt wurden und jetzt sogar im Prater brüten. Auch Teichhühner sind hier anzutreffen. Gelegentlich kommen Eichelhäher, Krähen und Meisen an den Uferrand, um Wasser zu trinken oder ihr Gefieder zu reinigen.

Ein Weg entlang des Gewässers lässt uns in einen Teil des Praters eintauchen, der noch Reste der ursprünglichen Auwaldgehölze enthält. Schwarz- und Weißpappeln sowie Purpur-, Grau- und Silberweiden deuten auf die Landschaft einer „weichen Au". Die Ufer des verlandenden Gewässers sind von den gelblich braunen Halmen des dichten Schilfgürtels gesäumt. Fußabdrücke im Schnee lassen erkennen, dass Eichhörnchen, Marder, Füchse, Dachse und Rehe hier leben. Auf den Bäumen sind Bunt-, Mittel- und Grünspechte emsig klopfend und stochernd auf Nahrungssuche unterwegs. Große Löcher an alten, abgestorbenen und häufig modrigen Baumstämmen sowie grobe Holzsplitter davor sind ein sicheres Zeichen für die Anwesenheit des krähengroßen Schwarzspechtes. Auf der Suche nach holzbewohnenden Käferlarven hat er kräftig in das weiche Holz gehackt. Auch lamellenartige Holzschnitzel sind seit einiger Zeit im Prater zu finden. Diesmal an der Stammbasis von gewässernahen gesunden Weiden, Pappeln und anderen Weichgehölzen. Vor allem in den Wintermonaten werden Bäume von Bibern gefällt. Nach langer Zeit der Abwesenheit haben sie den Prater wieder als Lebensraum für sich entdeckt. Die saftige Rinde der Zweige im Kronenbereich ist in dieser Jahreszeit die Hauptnahrung dieser wühlmausverwandten Säugetiere. Breite Furten durch das Schilf zeugen ebenso von der Anwesenheit des Bibers wie auch die mächtigen Biberburgen, die mit geschultem Auge im Schilfgürtel zu entdecken sind.

Biberburg am winterlichen Mauthnerwasser

Durch seine nächtliche Aktivität bleibt er dem Praterbesucher meist verborgen. Nur zur Dämmerungszeit und bei günstigen Windsituationen können Biber beobachtet werden. Sie sehen nicht besonders gut, ihr Geruchssinn dagegen ist bestens ausgeprägt. Sobald sie vermeintliche Gefahr wittern, schlagen sie mit dem Schwanz auf das Wasser, um ihre Artgenossen zu warnen.

Immer mehr tauen Schnee und Eis, auch die Wasserflächen werden zunehmend größer. Jetzt bieten sich gute Gelegenheiten, um den scheuen, schillernd blau gefiederten Eisvogel beim Jagen nach kleinen Fischen zu beobachten. Akustisch macht er mit seinem hellen, langgezogenen Ruf auf sich aufmerksam. Zielstrebig fliegt er knapp über der Wasseroberfläche, um eine für den Fischfang günstige Aussichtsposition anzusteuern. Mit dem Kopf voran stürzt er sich in das Gewässer und kehrt von seinen Tauchgängen oft ohne Beute zu seiner Sitzwarte zurück.

Gefällte Bäume sind sichere Anzeichen für die Anwesenheit von Bibern.

Winterdienst

↙ Mittelspecht beim Stochern nach Insekten
↓ Eisvogel mit erbeutetem Fisch
↓↓ Gefrorene Laubstreu
↓↓↓ Erdkröte im frostfreien Winterquartier

→ Blühende Weidenkätzchen
↓ Schwanzmeise
↓↓ Abgestorbenes Schilf im Morgenlicht

Mit dem Einbruch der Dämmerung strömen riesige Saatkrähenschwärme aus allen Richtungen in den Prater. Sie versammeln sich, um ihre gemeinsamen Schlafbäume im Fasangarten aufzusuchen. In der Morgendämmerung brechen sie unter lautem Gekrächze wieder auf. Für wenige Minuten ist der Himmel von Tausenden abfliegenden Krähen bedeckt. Von Ende Oktober bis Anfang März ist dieses beeindruckende Naturschauspiel täglich zu beobachten.
Die Tageslänge nimmt beständig zu, die Sonne setzt sich immer mehr durch, und auch die Temperaturen werden angenehmer. Das Eis auf den Gewässern ist jetzt endgültig geschmolzen, und die ersten Stare kehren aus den Winterquartieren zurück. Ihre wirren Gesänge trillern sie hoch oben in den Baumkronen. Schwarzspechte beginnen mit ihrer Balz, die im März ihren Höhepunkt erreichen wird. Gemeinsam baut das Pärchen an der Nisthöhle. Durch das flache Abducken des Kopfes vermittelt das Weibchen seine Paarungsbereitschaft.

Wiener Blaustern

Gelbes Windröschen

Immer öfter zieht warmer Regen über den Prater, und erste Schneeglöckchen blühen in den Gärten und im Auwald. Wiener-Blausterne, Wald-Gelbsterne und andere Frühblüher strecken ihre Blätter durch das Laub des Waldbodens. Mit der Dämmerung beginnt es überall im Laub zu rascheln, Laufkäfer und Regenwürmer sind unterwegs. Aus lockeren Böden, unter Baumstubben und aus den Höhlensystemen unter den Wurzeln großer Bäume erscheinen Springfrösche und Erdkröten. Zu nächtlicher Stunde beginnen sie eine gefahrvolle Wanderung. Auf dem Weg zu ihren Laichgewässern müssen sie die Aspernallee, die Hauptallee, die Straße um das Lusthaus oder die Rennbahnstraße queren. Eine große Anzahl dieser Lurche fällt dabei dem Straßenverkehr zum Opfer. Aus diesem Grund wird seit vielen Jahren versucht, durch betreute Schutzzäune die Zahl dieser amphibischen Verkehrstoten zu reduzieren.

Flächendeckend wächst der Bärlauch im Fasangarten.

FRÜHLING März-Juni

Etwas später begeben sich auch Laubfrösche, Teichmolche und die selteneren Donaukammmolche auf Wanderschaft. Sie überwintern viel näher an ihren Laichbiotopen, die nur noch in der Freudenau zu finden sind. Auch die versteckt lebende Knoblauchkröte laicht in diesem Teil des Praters.

Aus dem Fasangarten entlang der Belvedereallee dringt knoblauchschwerer Duft. Bärlauch bedeckt hier nahezu flächendeckend den Waldboden. Vor seiner Blüte wird fleißig gesammelt. Die jungen Blätter dieses Lauchgewächses erfreuen sich steigender Beliebtheit und sind für kulinarische Zwecke sehr begehrt. Wiederentdeckt findet Bärlauch als Pesto, Cremesuppe oder fein geschnitten auf das Butterbrot gestreut Einzug in die Küchen.

Geschäftiger und geräuschvoller wird jetzt das Treiben der Vogelwelt. Bei der Balz wird keine Raffinesse ausgelassen, um die Aufmerksamkeit des anderen Geschlechts auf sich zu lenken. Amseln trillern am Waldrand, in Gärten und Parklandschaften ebenso wie Hausrotschwänze und Mönchsgrasmücken. Rotkehlchen singen die Strophen ihrer Melodien im dichten Wald, und Singdrosseln, Kohlmeisen, Blaumeisen, aber auch Kleiber wechseln zwischen Wald- und Parklandschaft hin und her. Die Spechte zimmern ihre neuen Bruthöhlen, aufgelassene werden gerne von Staren, Kleibern und Meisen adoptiert. Hohltauben und Mandarinenten inspizieren größere Astlöcher auf Bruttauglichkeit. Einige sind tagsüber vom seltenen Baummarder belegt. Eichhörnchen bauen ihre Kobel in den Baumkronen. Zur Partnerwerbung tollen sie wild auf Stämmen und Ästen. Männchen markieren ihre Reviere und setzen dafür ihre Duftmarken ab. Mit zuckenden Schwanzbewegungen werden sie gleichmäßig verteilt. In den trockenen Gräben der alten Flussläufe und in den Bombentrichtern graben Füchse und Dachse ihre Baue. Nur das reichliche Auswurfmaterial verrät ihre Anwesenheit. Zu nächtlicher

Im Unteren Prater sind Eichhörnchen sehr scheu.

→ Kleiber
↘ Kohlmeise
↓↓ Rotkehlchen beim Reviergesang
↓ Eichelhäher

Stunde sind sie mit etwas Glück beim Überqueren der Hauptallee zu beobachten.
Seit Kurzem ist auch ein anderes nachtaktives, scheues Säugetier im Prater auf Erkundungstour. Der Waschbär hat diese Landschaft als Revier für sich entdeckt. Still und heimlich schleicht er sich auf seinen nächtlichen Beutezügen durch die Gärten, kein Mistkübel ist vor ihm sicher. Diese nordamerikanischen Katzenbären sind gute Kletterer und äußerst geschickt mit ihren Vorderpfoten.

Immer öfters ist jetzt auch der unheimliche Ruf des Waldkauzes zu hören, auch die Waldohreule ist auf Partnersuche. In aufgelassenen Krähen- und Greifvogelnestern brüten sie ihre Eier aus, aus denen vier Wochen später bis zu sechs Küken schlüpfen werden. Gut versteckt in der Bodenvegetation legen Stockenten täglich ein Ei. Bleiben die ersten vier des bis dahin unbeaufsichtigten Geleges von Nesträubern unbehelligt, folgen nach und nach weitere sieben bis sechzehn Eier.

↙ Pfennigkraut am Lusthauswasser
↓ Laubfrosch auf einem Schilfhalm

Am Mauthnerwasser und am Heustadelwasser treffen Graureiher und manchmal auch wieder Kormorane zum Jagen ein. Bis 1874 hatten beide Brutkolonien neben dem Unteren Heustadelwasser.
Erdkröten und Springfrösche haben ihre gallertigen Eier längst abgesetzt und sind von ihren Laichgewässern wieder abgewandert. Das junge Schilf entlang der Gewässer beginnt saftig zu sprießen. Bei aufmerksamer Betrachtung der abgestorbenen Halme des Vorjahres sind tagsüber schlafende Laubfrösche zu entdecken. Viel besser sind sie auf den gewässernahen, zartgrün belaubten Bäumen getarnt. Damit sie in der Sonne nicht vertrocknen, bilden sie eine wachsähnliche Außenhautschicht, die vor der nächtlichen Aktivität abgestreift und gefressen wird. Aus Seichtwasserbereichen in der dichten Ufervegetation rufen Rotbauchunken, und auf umgefallenen Bäumen drängen sich Ringelnattern, um sich in der Sonne zu wärmen. Auch Schildkröten tauchen immer öfters vom Gewässergrund auf: die europäische Sumpfschild-

Europäische Sumpfschildkröte am Mauthnerwasser

↓ Sumpfschwertlilie
↓↓ Rufendes Laubfroschmännchen
↘ Nordamerikanische Rotwangenschildkröte

Schwangeres Biberweibchen bei der Morgenpflege

kröte, viel häufiger aber nordamerikanische Arten, wie die Rotwangen-, Gelbwangen- oder auch Höckerschildkröten. Auch sie nutzen das Totholz, um ausgiebige Sonnenbäder zu nehmen. Bei der geringsten Störung gleiten sie nahezu lautlos wieder in das schützende Nass zurück. Mit ihrer Paarungsaktivität hat die heimische Sumpfschildkröte gleich nach der Winterruhe begonnen. Unter Wasser umwerben die viel kleineren Männchen die begehrte Partnerin und versuchen anschließend, ihren Rücken zu erklimmen.

Schwanzmeisen zupfen die ausfallenden Rohrkolbensamen für den Bau ihrer eiförmigen, rundum geschlossenen Nester. Sie werden kunstvoll mit Moosen, Flechten, Tierhaaren und anderen Materialien in Astgabeln angelegt. Nur das kleine Einschlupfloch bleibt geöffnet.

Im April ist die Hauptbrutzeit der Schwarzspechte. Zwei bis sechs Eier legen sie in ihre Bruthöhle. Sie werden in nur zwei Wochen abwechselnd von beiden Elternvögeln ausgebrütet. Die Küken schlüpfen in Abständen von bis zu drei Tagen. Dementsprechend unterschiedlich sind auch die Entwicklungsstadien der

Das Kleine Springkraut bedeckt oft großflächig den Waldboden.

Jungspechte. Als Nestlinge werden sie etwa einen Monat in diesem Brutraum verbringen. Größere Astlöcher und andere Hohlräume in alten Bäumen werden von Mandarinenten-Weibchen aufgesucht. Sie sind alleine für das Bebrüten der sechs bis fünfzehn Eier verantwortlich.

In Baumhöhlen, großen Vogelnestern oder aufgelassenen Eichhörnchenkobeln gebären auch die seltenen, nachtaktiven Baummarder ihre drei bis vier Jungen. Ihre viel häufigeren Verwandten, die Steinmarder, suchen hierfür Holzhaufen, umgefallene hohle Bäume und Dachböden von Schuppen oder aufgelassenen Häusern auf.

Nachwuchs gibt es auch im Fuchsbau. Nach fünfzig Tagen Tragzeit gebiert die Fähe bis zu fünf Welpen. Zwei Wochen werden vergehen, bis sie ihre Augen öffnen. Gesäugt werden sie eineinhalb Monate lang. Der Rüde hilft bei der Aufzucht mit. Vier Wochen nach ihrer Geburt werden die kleinen Füchse erstmals ihren Bau verlassen und spielerisch das Umfeld erkunden. Die Jungbiber des Vorjahres werden aus ihrem Bau verdrängt. Auf der Suche nach neuen Revieren werden

↓ Fuchs im wassergefüllten Bombentrichter
↓↓ Jungfuchs im Bau
↘ Schwarzspecht bei der Nahrungssuche im morschen Totholz

Junger Steinmarder beim Klettern ↑
Der Waschbär auf Beutezug hinter den Freudenauer Tribünen ↓

Seite 112:
Mandarinentenerpel am Oberen Heustadelwasser
Seite 113:
Höckerschwan bei der Nahrungssuche am Mauthnerwasser ↑
Stinkende Storchenschnabel am Lusthauswasser ↓

sie Wanderungen von bis zu hundert Kilometern zurücklegen. Seit ihrer Geburt haben sie wohlbehütet im Elternverband gelebt. Jetzt im Mai wird sich neuer Nachwuchs einstellen, bis zu vier Junge werden das Dunkel des Biberbaues ertasten.
Ende Mai wandern die Weibchen der Sumpfschildkröten auf der Suche nach geeigneten Eiablageplätzen oft fernab ihrer Gewässer. Nächtlich graben sie bis zu zwanzig Zentimeter tiefe, birnenförmige Nestgruben, in die sie dann acht bis zehn Eier ablegen. Damit sie für Fressfeinde nur schwer zu entdecken sind, werden sie nach dem Zuschütten mit dem Bauchpanzer gestampft und geglättet. Bei günstiger Witterung werden nach drei Monaten die ersten Jungschildkröten schlüpfen.
Zwei Wochen nachdem sie ihre Winterquartiere verlassen haben, häuten sich die Ringelnattern. Damit beginnt auch die Paarungszeit. Eng umschlungen kriechen sie dabei durch die Ufervegetation. Auch die Würfelnattern kommen jetzt in Hochzeitsstimmung. Sie sind viel mehr an das Gewässer gebunden als Ringelnattern. Bei ihren Tauchgängen können diese Schlangen bis zu zwanzig Minuten unter Wasser bleiben. Sie jagen dort nahezu ausschließlich Fische, seltener Amphibien und deren Larven. Ihre Beute verschlingen sie unter Wasser.
Nachdem in der Puppe die Umwandlung zum fertigen Insekt stattgefunden hat, entsteigen die Hirschkäfer diesem Ruhestadium noch hell und weichhäutig. Einige Stunden dauert es, bis das Außenskelett voll ausgehärtet ist. Drei bis acht Jahre haben sie davor als Larven in von Pilzbefall zermürbtem Totholz von Eichen, seltener Linden und Buchen gelebt. Bis Ende Juni schwirren die Käfer vor allem in den Dämmerungs- und Abendstunden schwerfällig auf Partnersuche durch Wälder, Wiesen und Gärten.
Die Wiese hinter der Freudenau ist hochgewachsen. Außer der pannonischen Kartäuser-Nelke, dem Wiesen-Salbei, der Wiesen-Witwenblume und verschiedenen Wolfsmilchgewächsen blühen hier auch streng geschützte Orchideen. Brand-Knaben- und Wanzen-Knabenkraut haben im Prater hier ihr letztes Rückzugsgebiet.

1.
7.
15.
21.
29.
6.
12.
AUSTRIA-PREIS
Beginn
15 Uhr

Mandarinentenküken im „Sturzflug"

SOMMER Juni–September

Die Tage sind oft sonnig, angenehm warm und auch in der Nacht kühlt es kaum ab. Gelegentlich ziehen ergiebige Gewitter über den Prater. Die Vegetation ist sattgrün. Für Baum- und Steinmarder beginnt die Paarungszeit, und auch hoch oben in den alten Bäumen wird es wieder regsamer. In den Bruthöhlen schlüpfen die Küken der Mandarinenten. Sobald sie trocken sind, stürzen sich die Nestflüchter halsbrecherisch bis zu zehn Meter in die Tiefe. Ihr Sturz wird von Ästen und dem weichen Laub des Bodengrundes abgefedert. Auch ihr Körper ist noch wenig verletzungsanfällig. Sobald sich alle Jungenten auf dem Boden versammelt haben, werden sie von der Mutter in Richtung Wasser gelockt, wo sie die ersten Schwimmversuche unternehmen werden. Auch die Schwarzspechte fliegen jetzt aus, und der Familienverband

↓ Star beim Füttern seines Nachwuchses
↓↓ Mandarinentenfamilie
↘ Mandarinentenküken beim Absprung aus der Nesthöhle

Jungenaufzucht bei den Teichhühnern am schwimmenden Nest

Schwimmfarn bedeckt das Lusthaus- und Mauthnerwasser im Spätsommer.

teilt sich in zwei Gruppen. Vier bis fünf Wochen ziehen die Jungvögel mit dem jeweiligen Elternteil durch den Wald.

Nach ihrer Verwandlung von der Kaulquappe zur Jungkröte verlassen diese zahlreich ihre Geburtsgewässer. Damit beginnt ihr Leben an Land. Bei feuchter Witterung bevölkern Millionen kleiner Erdkröten den Waldboden. Ein Großteil wird dieses Stadium nicht überleben. Sie werden von Vögeln, Schlangen und anderen Fressfeinden gejagt oder beim Überqueren der Straßen von Autos unbemerkt in großen Mengen überrollt. Manche finden an den Randsteinen der Aspernallee ein unüberwindliches Hindernis. Auf der Suche nach Ausweichmöglichkeiten fallen viele durch die Kanaldeckel und sind darin unweigerlich verloren.

Während die Reviergesänge der Vögel bereits verstummt sind, werden die Urheber einer anderen Geräuschkulisse immer aktiver. Ob in den Baumkronen, an Waldrändern oder in der Wiesenvegetation, von überallher ist das Zwitschern und Zirpen von Grillen und Heuschrecken zu hören, intensiver bei warmen Temperaturen oder nur zögerlich bei kühleren Wetter-

↓ Schwimmfarn
↓↓ Seefrosch am Mauthnerwasser
↘ Ringelnatter

Libelle im Morgenlicht

verhältnissen. Je weiter das Jahr vorangeschritten ist, desto vielfältiger wird das Stimmengewirr von Feldgrillen, Weinhähnchen, Grünem Heupferd, Gewöhnlicher Strauchschrecke, Sichelschrecke und vielen anderen Heuschreckenarten. Nach mehreren Larvenstadien hat sich auch die Gottesanbeterin zum Vollinsekt entwickelt. Sie lebt in trockenen Wiesen. Durch ihre Farbe und Gestalt ist sie in diesem Lebensraum gut getarnt. In der dichten Vegetation lauert sie auf ihre Beute. Sobald sich diese in unmittelbarer Reichweite befindet, greift die Gottesanbeterin mit ihren bedornten Fangarmen blitzschnell zu und beginnt sofort zu fressen.

Auch Libellen jagen jetzt zahlreich an den Gewässern oder auf Wiesen und anderen freien Flächen. Immer wieder kehren sie dabei auf bevorzugte Sitzwarten zurück, um von dort aus neu zu starten. Häufig sind auch Revierkämpfe mit anderen Artgenossen und Paarungsflüge zu beobachten. Auf der Suche nach Blütennektar oder Nährsalzen flattern zahlreiche Tagschmetterlingsarten an heißen Sommertagen in den verschiedensten Lebensräumen des Praters.

↓ Mönchsgrasmücke beim Pflücken von Distelsamen
↓↓ Flugfähiges Küken der Waldohreule
↘ Bläuling

Gottesanbeterin beim Putzen der Fühler

Seite 122:
↑ Braune Farbvariante des Grünen Heupferdes
↓ Weibchen der Zartschrecke
Seite 123:
↑ Distelfalter
↓ Reseda-Weißling

↓ Heideschnecken beim Dammhaufen
→ Marienkäfer
↘ Streifenwanzen

Rehkitz im Morgenlicht

Ringelnattern suchen geeignete Eiablageplätze: Haufen mit verrottendem pflanzlichen Material, Baumstubben oder Komposthaufen in Gärten, wo sie bis zu dreißig Eier ablegen. Günstige Stellen werden oft von mehreren Weibchen und auch anderen Schlangenarten wie Würfelnattern und Äskulapnattern aufgesucht.
In den Abendstunden ist heiseres Gebell von den Wiesen und aus den Wäldern zu hören. Rehböcke haben längst ihre Reviere bezogen. Jetzt beginnt die Brunftzeit, die bis August anhalten wird.

↓ Feldhase
↓↓ Königskerze

HERBST September–Dezember

Die Tage werden zunehmend kürzer, das Laub verfärbt sich gelb und die Blätter der Jungfernrebe tiefrot. Die Nächte kühlen immer mehr ab. In den Morgenstunden ziehen Nebelschwaden über offene Flächen. Als Tautropfen haften sie in der Wiesenvegetation, und Spinnennetze sehen aus wie Perlengeschmeide. Rotgold schimmert die tiefstehende, aufgehende Sonne in diesem feuchten Milieu.

Die ersten jungen Sumpfschildkröten graben sich aus ihren Erdhöhlen und begeben sich auf schnellstem Weg in die nächstgelegenen Gewässer. Bis Oktober werden Schlüpflinge beobachtet, manche überwintern im Ei und werden erst im darauffolgenden Frühjahr die Eihülle aufbrechen.

Die Weibchen der Gottesanbeterinnen heften ihre „geschäumten" Eipakete meist an pflanzliche Strukturen. Sie werden den Winter überdauern und erst im Frühjahr schlüpfen. Die kleinen Larven werden den erwachsenen Insekten bereits sehr ähnlich sehen und nicht weniger räuberisch sein. In dieser Jahreszeit werden auch die Jungmarder selbstständig. Vogelstimmen sind kaum noch zu hören, die meisten verhalten sich die nächsten Monate über unauffällig. Viele der Zugvögel wie z.B. Beutelmeisen, Pirole, Mehl- und Rauchschwalben sind wieder in ihre Winterquartiere gezogen. Auch Reptilien und Amphibien haben bereits ihre Überwinterungsplätze aufgesucht. Heftige Herbststürme wehen das restliche Laub von den Bäumen. Das Wetter wird nass und kalt. Immer öfter treffen wieder alte Bekannte ein und sind Vorboten für die kältere Jahreszeit. Die Saatkrähen versammeln sich Ende Oktober wieder in großen Scharen im Prater, um ihre Schlafplätze zu beziehen. Das Zirpen der Heuschrecken wird immer zaghafter und nach dem ersten Morgenfrost wird es endgültig verstummen. Gelegentlich schneit es schwere, nasse Flocken, Äste biegen sich unter dieser Last. Unweigerlich ist wieder das Vorrücken des Winters zu bemerken.

Seite 132:
↑ Feldahorn
↓ Bläuling
Seite 133:
↑ Jungfernrebe
↓ Sumpfmeise

Die Sonne kommt kaum noch zum Vorschein. Sie ist von der andauernden Hochnebellage verdeckt, der für Wien um diese Jahreszeit typischen Inversionswetterlage. Die Temperaturen bewegen sich nur noch um Null Grad Celsius. Alle Pflanzen sind in ihre Ruhephase eingetreten. Nur Misteln und Efeu haben ihr Grün bewahrt.

Die Tierwelt hat scheinbar ihr Treiben eingestellt. Nur bei den Futterhäuschen für Vögel herrscht reger Betrieb. Kleiber, Kohlmeisen, Blaumeisen und seltener Sumpfmeisen stellen sich hier ein, um Sonnenblumenkörner und ausgelöste Nüsse zu erhaschen. Auch die Spechte haben sich jetzt auf diese Art der Ernährung umgestellt. Manchmal nutzen auch Eichhörnchen diese Futterplätze.

Schwanzmeisen ziehen in großen Trupps durch den Wald, um Äste von Gebüschen und Bäumen nach Nahrung abzusuchen. Dabei sind sie ständig in Bewegung.

Auch Eichelhäher durchstreifen den Wald in größeren Scharen, wobei sie oft laut krächzend und kreischend auf sich aufmerksam machen.
Rehe haben sich zu größeren Verbänden zusammengeschlossen, und Feldhasen sind jetzt auch immer öfters in größeren Gruppen anzutreffen. Die Gewässer sind zugefroren und in der Nacht hat es geschneit.

Glaskraut im Morgenfrost

Morgentau auf der Grafenwiese

Kreuzspinne im taubedeckten Netz

Seite 140:
Hopfenfrüchte ↑
Schwarzpappel ↓
Seite 141:
Trauerweide ↑
Rot-Hartriegel ↓

WINTER Dezember–März

Schneebedeckt ist das als Naturdenkmal geschützte Gebiet hinter dem Lusthaus. Das Lusthaus- und Mauthnerwasser ist Anfang Jänner noch großflächig zugefroren ...

Literatur

AUBÖCK, M. & RULAND, G. 1994: Prater. pp. 93–100. In: AUBÖCK, M. & RULAND, G.: Grün in Wien. Ein Führer zu den Gärten, Parks und Landschaften der Stadt. Mit ausführlicher Beschreibung 42 ausgewählter Anlagen. – Falter Verlag, Wien. 349 pp.

CABELA, A., TIEDEMANN, F. & GRILLITSCH, H. 2001: Atlas zur Verbreitung und Ökologie der Amphibien und Reptilien in Österreich. Auswertung der Herpetofaunistischen Datenbank der Herpeologischen Sammlung des Naturhistorischen Museums in Wien. – Umweltbundesamt, Wien. 880 pp.

DVORAK, M. & BERG, H.-M. 1993: Atlas der Brutvögel Österreichs. Ergebnisse der Brutvogelkartierung 1981-1985 der Österreichischen Gesellschaft für Vogelkunde. – Styria, Graz. 527 pp.

HOFMANN, T. 2006: Der Wiener Prater. Plätze der Begegnung, Orte der Bewegung. – Egoth Verlag, Wien. 182 pp.

KOPPE, F. & MIKSCH, O.: 80 Jahre Maria Grün. Eine Geschichte der Freudenau. – Aufsatz, Freudenauer Kulturverein. 11 pp. (unveröff.)

MUTSCHLECHNER, M. 2004: Thema Prater. Der Prater als kaiserliches Jagdgebiet. pp. 27-28. In: Verein der geprüften Wiener Fremdenführer (Hrsg.): Kulturmagazin der Wiener Fremdenführer 2004. 148 pp.

PEMMER, H., LACKNER, N., DÜRIEGL & SACKMAURER, L. 1974: Der Prater. In: DÜRIEGL, G. & KAUT, H. (Hrsg.): Wiener Heimatkunde. – Jugend und Volk Verlag, Wien, München. 343 pp.

PRESSE- UND INFORMATIONSDIENST DER STADT WIEN (Hrsg.) 1980: Wiens Tümpel, Teiche und Augewässer. Lebensräume vieler Tiere und Pflanzen. MA 22, Umweltschutz. – Presse- und Informationsdienst der Stadt Wien (PID). 89 pp.

ROSCHITZ, K. 1989: Welt-Ausstellung 1873. – Jugend und Volkverlagsgesellschaft, Wien, München. 184 pp.

LA SPERANZA, M. 1997: Prater-Kaleidoskop. Eine fotohistorische Berg- und Talfahrt durch den Wurstelprater. – Picus Verlag, Wien. 255 pp.

PISTECKY, W., HIRSCHLER, R. & ENGLMAIR, P. 1988: Studie betreffend den Wasserhaushalt im Wiener Donauraum. Bericht. – Gruppe Wasser im Auftrag des Magistrats der Stadt Wien Magistratsabteilung 45 – Wasserbau. 67 pp.

SCHNEIDER, H.K. 1981: Die Avifauna des Wiener Praters und der Albaner Au. – Hausarbeit in Zoologie. 76 pp.

SEEMANN, H. & LUNZER, C. (Hrsg.) 1993: Prater 1860–1950. Volksprater, Ausstellungen, Feste, Nobelprater. – Album Verlag, Wien. (unpaginiert)

SEHNAL, P. & TIEDEMANN, F. 1990: Zur Bestandsituation der Lurche und Kriechtiere im Wiener Prater. – Herpetozoa 2 (3/4), pp. 117-130.

SPITZENBERGER, F. 2001: Die Säugetierfauna Österreichs. Grüne Reihe des Bundesministeriums für Land- und Forstwirtschaft, Umwelt und Wasserwirtschaft. – Austria Medien Service, Graz. 895 pp.

STORCH, U. 1993: Das Pratermuseum. – Eigenverlag der Museen der Stadt Wien. 77 pp.

STÜTZ, B. 1949: Die Geschichte der Wallfahrtskirche Maria Grün 1924–1949. – Selbstverlag, PP. Trinitarier, Wien. 11 pp.

TIMMERMANN, B. 2004. Thema Prater. Wenn Masken wieder zu Menschen werden: Das Wiener Praterstadion 1939 oder die „anthropologisch vermessenen Juden". pp. 38-42. In: Verein der geprüften Wiener Fremdenführer (Hrsg.): Kulturmagazin der Wiener Fremdenführer 2004. 148 pp.

VITEK, E., MRKVICKA, A.CH., ADLER, W., HORAK, E., FLECK, W. & HASLEITNER, B. 2004: Wiens Pflanzenwelt. – Naturhistorisches Museum. 367 pp.

WITLACZIL, E. 1897: Praterbuch. Ein Führer zur Beobachtung des Naturlebens. Mit 55 Holzschnitten – U. Hölder, k. u k. Hof- und Universitätsbuchhändler. 147 pp.

WITLACZIL, E. 1926: Praterbuch. Ein Führer zur Beobachtung des Naturlebens. 2. Auflage – Österreichischer Bundesverlag, Wien, Leipzig. 154 pp.

Bildnachweis

Alle Fotos stammen vom Autor.
Ausgenommen:
Andexlinger Günther: 24
Bezirksmuseum Leopoldstadt: 54, 73
Hopfgartner Mario: 38 oben
Kartengrundlage: Mehrzweckkarte, MA 41-Stadtvermessung: 37
Keinrath Kurt, Stadt Wien: 7
Kretschmer Hubert: 13 unten, 49 unten, 96 rechts oben
Marschall Robert (www.wien-konkret.at): 78, 79 links
Media Wien: 61
Österreichischer Kunst- und Kulturverlag: 14
Österreichische Nationalbibliothek Wien, Bildarchiv: 40, 42, 43 links
Österreichischer Schwimmverband: 79 rechts
Pelz Ernst†: 17 links unten
Zinsler Helmut†: 15, 16 links oben und rechts oben, 17 rechts unten